思想安徽

丛书入选安徽省文化强省建设专项资金项目

莫幼群 编著

品读·文化安徽

合肥工业大学出版社

图书在版编目(CIP)数据

思想安徽/莫幼群编著. —合肥:合肥工业大学出版社,2015. 12
(品读·文化安徽丛书)
ISBN 978－7－5650－2601－0

Ⅰ.①思… Ⅱ.①莫… Ⅲ.①思想家—思想评论—安徽省 Ⅳ.①B2

中国版本图书馆 CIP 数据核字(2015)第 307272 号

思想安徽

莫幼群 编著

责任编辑	章 建	
出版发行	合肥工业大学出版社	
地 址	(230009)合肥市屯溪路 193 号	
网 址	www. hfutpress. com. cn	
电 话	总 编 室:0551-62903038	
	市场营销部:0551-62903198	
开 本	710 毫米×1010 毫米 1/16	
印 张	10. 75	
字 数	165 千字	
版 次	2015 年 12 月第 1 版	
印 次	2015 年 12 月第 1 次印刷	
印 刷	合肥众诚印刷有限公司	
书 号	ISBN 978－7－5650－2601－0	
定 价	34. 00 元	

如果有影响阅读的印装质量问题,请与出版社市场营销部联系调换。

前　　言

　　品读文化安徽，第一步就是"品"，从字形上看，品由三个口组成，但这个口不是指嘴巴，而是指器皿——三个器皿叠放在一起，用来形容事物或物品众多。

　　那么，关于安徽的众多器皿中，主要又盛放着什么呢？

　　一个盛着酒，一个盛着茶，一个盛着诗。

　　酒，是一种凛冽而火热的液体；茶，是一种清雅而悠长的液体。它们是对于大自然的高度抽象，同时也融入了人工创造的高度智慧。安徽既出名酒，又出名茶，这从一个侧面也体现了大自然对这块土地的垂青和爱怜，而生活在这块土地上的人们，把对于大自然的汲取和感恩，化作了丰美的生活浆液和丰盈的文化积淀。

　　从酒上面，能看到安徽的北方，看到一望无垠的平原，看到沉甸甸的金色收获，看到农夫晶莹的汗珠；更远一点的，还能看到大禹治水遗迹、安丰塘、江淮漕运等等伟大的水利工程，还能感受到花鼓灯的热烈、拉魂腔的高亢和花戏楼上载歌载舞的酣畅……

　　从茶上面，能看到安徽的南方，看到草木葱茏的丘陵，看到朦朦胧胧的如梦春雾，看到农妇藕白的巧手；更远一点的，还能看到粉墙黛瓦，看到那些像诗一样优美的民居建筑，感受到贵池傩舞的神秘、徽剧声腔的精致和黄梅戏的婉转……

　　这些土地、这些物产，又怎能不吸引诗人呢？

　　于是曹操、曹植来了，嵇康、谢朓来了，李白、杜牧、刘禹锡来了，欧阳修、王安石、苏东坡来了，梅尧臣、姜夔、徐霞客来了……如果有心，可以绘制一幅安徽诗歌地图，定格一座座在中国诗歌史上意义显赫的风景重镇：

教弩台、敬亭山、浮山、齐云山、褒禅山、秋浦河、采石矶、杏花村、陋室、颍州西湖、醉翁亭、赤阑桥……那些被歌咏过的一山一水、一草一木，都闪烁着别样的光芒。

诗是灵魂的高蹈和想象力的释放，张扬的是一种逍遥洒脱的个性。诗人们是近于道家的，嵇康和李白，干脆自认为老庄的传人。而老庄及其道家哲学，正是安徽这块土地上结出的思想文化硕果。

道家太出世，则需要入世的儒家来中和。从经世致用的角度说，儒家思想，往往是一股"天行健，君子以自强不息"的正能量。

管仲和孙叔敖，出自安徽的春秋两大名相，他们的政治实践，给了同时代的孔子极大的影响；战国时的甘罗和秦末汉初的范增、张良，以其超凡的智慧与谋略，成为后世文臣的标杆；三国时的周瑜、鲁肃和南宋时的虞允文，分别因为赤壁大战和采石矶大捷而一战成名，他们是敢于赴汤蹈火的书生，也是运筹帷幄的儒将；两宋时期，程朱理学从徽州的青山绿水间兴起，最后成为几个朝代的官方思想和意识形态；明清之际，儒医和儒商，几乎同时在徽州蔚为大观，从"不为良相，即为良医"的新安医学代表人物和诚信勤勉的徽商典范身上，我们能够感受到一股清朗上进的儒雅之风；到了风起云涌的近代，李鸿章及其淮军将领，走的仍然是"儒生带兵"的路子，至少在其初期，洋溢着奋发有为的气概。李鸿章对于近代化孜孜不倦的追求，刘铭传对于祖国宝岛的守护和经营，段祺瑞对于共和政体的倾力捍卫，都是中国近代史上浓墨重彩的一笔……

酒、茶、诗、儒，是关于安徽的四大意象，也是安徽人精神的四个侧面，除此之外，安徽人的精神还包括什么呢？

显然，还包括勤劳、善良、淳朴、坚忍、进取等中华民族的诸项精神特质，还有最重要的一项就是——创新。

创新，从远古人类那时就开始了。最早的器物文明——和县猿人的骨制工具，最早的城市雏形——凌家滩，最早的村落——尉迟寺，等等，无不显示了先民的伟大创造。

创新，从司法鼻祖皋陶那里就开始了。他创造性地建构了中国古代最早的司法体系，最先开始弘扬"依法治国"的理念，而两千年后的北宋包拯，则承袭了这种朴素的法治精神。

创新，从大禹、管仲、孙叔敖、曹操、朱熹、朱元璋等政治家那里就开始了。大禹"堵不如疏"的崭新思路，是中国古代政治智慧中的重要因子；管仲的"仓廪实而知礼节"的先进思想，显示了他对于物质文明和精神文明的双重重视；孙叔敖关注民生的呕心沥血，曹操"唯才是举"的不拘一格，朱熹对于古代赈济体系的精心构筑，朱元璋对于封建制度的精心设计，也都开创了中国古代政治文明的新局面。

创新，也是文化巨擘的应有之义。从道家宗师老庄、理学宗师程朱，到近代现代哲学大师胡适、朱光潜；从率先融合儒释道三家的"睡仙"陈抟，到打通文理、博览百科的"狂生"方以智；从开创中国第一所"官办学校"的汉代教育家文翁，到现代平民教育的倡导者陶行知；从"建安风骨""魏晋风度""桐城派"这三大文学家群体，到吴敬梓、张恨水这两位小说家典范；从探索中国画白描技法的"宋画第一人"李公麟，到与齐白石齐名的新安画派代表人物黄宾虹；从开创近代书法和篆刻新风的邓石如，到现代雕塑大家刘开渠；从力促徽剧上升为国剧的程长庚，到黄梅戏表演艺术家严凤英；从巾帼不让须眉的近代女才子吕碧城，到洋溢着中西合璧气派的女画家潘玉良……没有"吾将上下而求索"的探索精神，也就没有他们那震古烁今的文化创造。

创新，同样是科技巨匠的立身之本。淮南王刘安对于豆腐的"点石成金"，神医华佗对于外科手术和麻醉术的开创，兽医鼻祖元亨兄弟对于兽医这门全新学科的开拓，还有程大位、方以智的数理演算，梅文鼎、戴震仰望星空的眼睛，包世臣、方观承理论与实践相结合的农学著作，两弹元勋邓稼先的非凡壮举……正是沿着前所未有的轨迹，这一颗颗闪耀的"科星"才飞升在天宇。

创新，还是物质文明的重要助推器。从朴拙无华的凌家滩玉器，到堂皇无比的楚大鼎；从恢宏厚重的汉画像石，到精美绝伦的徽州三雕；从文人推重的笔墨纸砚，到民间珍爱的竹器铁艺；从唇齿留芳的皖北面食，到咀嚼英华的徽式大菜；从花戏楼、振风塔、百岁宫等不朽建筑，到西递、宏村、查济的诗意栖居；从至今仍然发挥着作用的"天下第一塘"安丰塘，到永载新中国水利史册的佛子岭水库；从铜陵的青铜冶炼，到繁昌窑的炉火；从熙来攘往的芜湖米市，到造出中国第一台蒸汽机、第一艘轮船的安庆内军械所……正是因为集合了无数人的灵感和汗水，才孕育了这一件件小而美好的小设计、小发明、小物件，才诞生了这一项项大而堂皇的大工程、大构造和大器具。

创新，更是红色文化的闪亮旗帜。陈独秀的《安徽俗话报》，激情燃烧的鄂豫皖革命根据地，艰苦卓绝的皖南新四军，被称为"世界战争史奇迹"的千里跃进大别山，"靠人民小车推出胜利"的淮海战役……这些都展示了革命者的勇敢无畏和锐意进取，凝结了革命者的高度智慧，也奏出了时代精神的最强音。

创新，也是我们这个改革开放的火热时代的主旋律。小岗村的"大包干"实践，"人造太阳"托卡马克的建造，现代化大湖名城的横空出世，白色家电业和民族汽车工业的崛起，中国科技大学同步辐射、火灾科学、微尺度物质科学这三大国家级实验室中所孵化出的最新成果，都成为安徽通往经济大省、科技大省和文化大省的一步步坚实的台阶……

正是因为有了创新精神，安徽这块土地才没有辜负大自然的恩宠，才开出了艳丽无比的物质文明和精神文明之花，堪与大自然的鬼斧神工相媲美。

"品读·文化安徽"系列丛书，共20册。每册从一个方面或一个领域入手，共同描绘出安徽从古到今不断演化、不断创新、不断发展的巨幅长卷。这20册书摆在眼前，仿佛排开了一个个精美的器皿，里面闪烁的是睿智与深情，是天地的精华与文明的荣光。

请细心地品，静心地读，然后用心地思索：我们今天该有什么样的创造，才能够匹配这天地的精华，才能延续这文明的荣光？

本丛书在策划、编辑、出版的过程中，得到了省内外许多专家学者的关心和支持，在此对他们表示衷心的感谢。同时，本丛书的部分著作中的若干图片和资料来源于网络，未及向创作者申请授权，祈盼宽谅；恩请有关作者见书后与出版社联系，以便奉寄稿酬及样书。

编委会

2015年10月

目　录

一、治水治国皆同工

　　思想家不一定是行动家，而那些伟大的行动家，必定是第一流的思想家。在大禹身上，就充分体现了这一点。

　　古人依水而居，近水而耕，逐水而牧。但对于人类来说，水既是恩物，又是祸物。翻开中国历史，映入眼帘的是一幅古代人民与水患做斗争的漫漫长卷。

　　战争造就英雄，治水同样造就英雄。在中国历史上涌现的治水英雄中，大禹是最早的一位，也是最闪光的一位。他奠定了中国古代的治水模式和治水格局，并在很大程度上影响了中国古代的政治模式和政治格局。

　　据说在尧执政的时候，黄河连年泛滥，大水冲毁了村庄、房屋，淹没了土地。尧决心治水，为民消除灾难，就召开部落联盟首领会议。各部落首领推选鲧领导治水。鲧采用的方法是筑堤防水。但今天刚筑好的堤坝，明天就被大水冲垮了。这样，鲧治水9年没有成功，反而淤塞了河道，使以前没有泛滥的地方，也泛滥起来。舜即位后杀了鲧，又根据众人的推选，派鲧的儿子禹领导治水。

　　大禹忍着父亲治水失利而亡的耻辱，带领民众继续与大自然搏斗。他总结了父亲的经验教训，改筑堤防水为开凿渠道，把洪水疏导出去。大禹"手执耒锤，以民为先"，亲自参加劳动，经过十几年的艰苦奋斗，疏通、开凿了许多条河床渠道，终于把洪水引入大河，再由大河引入大海。这就是传说中的"禹疏九河"。

大 禹

　　大禹出身于夏部落，他的妻子是南方涂山地区（今安徽怀远）的一位女子。婚后4天，大禹便离家治水去了。后来涂山氏生了一个儿子，取名叫启，这是大禹留下的名字。启，就是启行，是纪念大禹为根治洪水启程上路的意思。

　　在治水的13年中，大禹曾三过家门而不入。相传，涂山氏在漫长的思念中，写下了据说是中国第一首爱情诗的《候人歌》："候人兮猗！"然后在涂山上凝固成一尊望夫石。

　　除了这些感天动地的美丽传说外，大禹还留下了许多宝贵的精神财富。他不仅是一位实干家，而且是一位有着大智慧的思想家。首先，大禹作为农业社会的一个领袖人物，懂得采取一定的组织形式，调动广大民众的力量，和衷共济地完成治水这一农业社会的头等大事。这大大强化了农业社会的凝聚力，强化了民众对于领袖人物的信任和崇拜，在客观上有助于原始的政权组织形式由雏形慢慢走向成熟。据《尚书·五子之歌》记载，大禹曾说过"民可近不可下，民惟邦本，本固邦宁"这样的话，意思是说民众可以亲近，不可以轻慢鄙视。这应该算是中国最早的民本思想了。

其次，大禹"以疏为主"的治水模式不仅实用，同时具有深邃的哲学内涵；因势利导，顺其自然，既启发了老庄等人的道家哲思，又成为中国古代政治智慧中最重要的组成部分之一。可以说，中国古代政治智慧有相当一部分就是"水的智慧"，无论是正面的"水能载舟，亦能覆舟"，还是负面的"防民之口甚于防川"，都能看见水的光影，听见水的声响。

大禹治水图

　　大禹治水成功，使他建立了极高的威望。当舜年老时，众人一致推举禹为部落联盟的首领。禹接位后，中原各部落逐步形成以夏族为中心的领导集团。禹在这个集团中的地位已初具王权性质。他让治水时专司刑罚的皋陶制定了一些规定，各氏族部落如有不听号令者，就要以刑罚来惩办。禹还有组织地对不听教化、多次叛乱的苗族进行征伐，打败了苗军，打死了三苗酋长，势力范围达到江淮流域。

　　为了进一步巩固统治，大禹把全国分为九州（即冀州、兖州、青州、徐州、扬州、荆州、豫州、梁州、雍州）进行管理，他还到南方巡视，在涂山约请诸侯相会。涂山大会上，各方诸侯都带来了朝贺的礼物，大国献玉，小邦献帛。大禹接受朝贡后，对各方诸侯又重加赏赐，并申明贡法，要求务须按照规则缴纳。同时，大禹也表示要竭力保护各诸侯国的权利，使其不受邻国的侵犯。为纪念这次盛会，大禹把各方诸侯部落酋长们送来的青铜铸成九个鼎，象征统一天下九州。这鼎也就成为夏王朝之象征。

　　大禹是夏王朝的奠基者，是继黄帝和炎帝之后的又一华夏人文初祖。当然，在他那个时代，英雄形象都是"半人半神"和"全知全能"的，大禹也不可避免地经历了一个逐渐被神化的过程，甚至连孔子颂扬禹的功德时都说："我简直找不到他的一点缺点，他的宫室简陋却没有想到改善，而是尽全力平治水土，开沟洫，发展农耕，鼓励人民从事劳动。"对于大禹的神化，寄寓着古代民众和知识阶层对统治者的理想。

　　后人为纪念大禹治水的功绩以及"禹会诸侯于涂山"的盛举，在安徽怀远县东南涂山之顶建立了禹王宫。禹王宫别称禹王庙、涂山祠，始建于唐之前，具体年代不详。元大德年间学正吴文魁的《重修禹王庙记》云："涂山严严气象，禹以神功灵德，庙食此山，其来久矣，唐大臣狄梁公（仁杰），天下正人也，毁诸淫祀二千七百余所，而禹庙巍然独存。"庙原有三进，现尚存两进，院内有千年银杏两株，大可数围，拔地而起。西北有瞭望台，登临其上，涡河和淮河波涛起伏，荆山和涂山层峦叠翠；西南则有据说是禹妻涂山氏望夫所化的望夫石（又名启母石），正襟危坐如妇人远望。

二、法度森严思谨严

　　巢湖是江淮大地上的明珠。据说，巢湖之所以叫巢湖，和有巢氏有关。有巢氏是建筑业的鼻祖，他教会了原始先民在大树上筑巢建屋，解决了人们"有房可居"的问题。

　　有饭可食和有房可居，乃是一个社会最为刚性的两大物质需求。在此基础上，一个社会要正常运转，还需要做到"有德""有礼""有法"等等。比有巢氏晚一些、和大禹同时代的上古人物皋陶，正是传说中的司法鼻祖，他初步解决了"有法可依"的问题，为中华法治文明的发展做出了里程碑似的贡献。

　　皋陶名繇，字庭坚。《帝王世纪》上说他生于曲阜少昊之墟。皋陶在舜帝时，当上了大理之官，负责氏族政权的刑罚、监狱、法治。传说皋陶的外貌青绿色，就像一个削皮的瓜；他的嘴唇像鸟喙，这是至诚的象征，能明白决狱，能洞察

像陶皋

皋　陶

人情。传说他还使用一种叫獬豸的怪兽来决狱。这种獬豸就是羊，虽只有一只角，但很有灵性，有分辨曲直、确认罪犯的本领。皋陶判决有疑时，便将这种神异的动物放出来，如果那人有罪，獬豸就会顶触他，无罪则否。

相传皋陶在掌管司法时，"画地为牢"，成为最初监管犯罪之人的囚禁场所，中国从此有了监狱。"皋陶造狱，画地为牢"也正式流传下来，而造狱的先驱皋陶，则被尊为狱神。

和上古时代的其他杰出人物一样，关于皋陶的传说中有不少夸大和玄虚的成分，但他的思想脉络和施政轨迹还是很清晰的，也是和后来的中国主流政治文化所一脉相承的，那就是"法治"与"德治"相结合的治国安邦之道。

皋陶创造性地制定了五刑之法，他说："天讨有罪，五刑五用哉。"皋陶刑法是中国最早的系统化和制度化的刑法，是我国真正意义上的刑法开端。夏代的"禹刑"、商代的"汤刑"和西周的"九刑"或"吕刑"，都是从皋陶之刑发展而来。皋陶的"五刑"早于古巴比伦的《汉穆拉比法典》三四百年。

皋陶执法严谨，对过失犯罪者尽量宽恕，对故意犯罪或累犯不改者从严惩处，对罪疑者从轻处罚，在杀人的问题上更加谨慎，不伤无辜。他执法公正，"决狱明白"，"听狱制中"，乃至"天下无虐刑""天下无冤狱"。他注重教化，"明于五刑，以弼五教，期于予治，刑期于无刑"。主张以"法治"辅助"德治"，希望最终实现社会上没有犯罪行为的大治局面。

皋陶提出为官者要具备三、六、九德。他以三德要求于卿大夫，以六德要求于诸侯，以九德要求于天子，认为民心之安，取决于君、臣之德。为了大力推行德政，皋陶殚精竭虑，谋划了有关社会制度、习俗、文化等全方位的一系列革新方案：兴"五教"，定"五礼"，设"五服"，创"五刑"，亲"九族"，立"九德"。这些重大举措全都付诸实施，建立了社会正常秩序，加强了部落、部族间的联系和融洽，为国家的产生打下了基础。此外，皋陶作耒耜，为发展农业生产做出了巨大贡献。大禹治水，皋陶大力辅佐，"令民皆则禹，不如言，刑从之。"利用法律手段确保治水工程的顺利完成。由于皋陶高明的谋划和鼎力辅佐，使尧舜禹时代出现了繁荣盛世，迈进了"早期国家阶段"。随之，夏王朝就应运而生了。

东汉王充《论衡》里说："五帝、三王、皋陶、孔子，人之圣也。"皋陶与尧、舜、禹齐名，被后人尊为"上古四圣"。皋陶在所从事的政治、经济、文化等各个领域的全部活动中所体现的光辉思想和伟大业绩，形成了中国上古时期的文化体系，即皋陶文化。有学者认为，皋陶文化是儒学的重要源头之一。儒家学派的创始人孔子，长期生活在皋陶文化分布的区域及其文化氛围中，在儒家的典籍里，多有尊崇皋陶的论述："舜有天下，选于众，举皋陶，不仁者远矣。"（《论语·颜渊篇》）

皋陶死后，葬在六地，即今安徽六安市，这里古有皋陶墓，故六安有皋城之称。如今的六安市，重修了皋陶墓，并新建了皋陶陵园，高大的皋陶石雕像耸入青天，屹立在"天河"岸边。这座雕像，不仅是道德和智慧的坐标，更是"法的精神"的坐标，凝聚了华夏民族千百年来对于法治社会的向往。

三、仓廪实则知礼节

千秋相业，江淮尤盛。在皋陶之后的春秋时代，又出现了两位千古名相——管仲和孙叔敖。他们卓越的政治和经济思想，达到了那个时代的高峰。

管仲（？—前645），名夷吾，又名敬仲，字仲，安徽颍上人。少时家贫，与鲍叔牙交好。而这个鲍叔牙，可以说是管仲一生的贵人，不仅在经济上大力接济他，而且最后主动让贤，帮助管仲当上了齐国的宰相。应该说，"管鲍之交"是很不对等的，鲍叔牙付出得多，管仲获取得多。从中可以看出管仲比较自我也比较有心计，但或许他自认为肩负着匡扶天下的使命吧，所以就不选择去做一位过于内敛的谦谦君子了。

孔子曾称赞管仲："微管仲，吾其被发左衽矣。"意思是：管仲辅助齐桓公做诸侯霸主，一匡天下。

管 仲

要是没有管仲，我们都会披散头发，左开衣襟，成为蛮人统治下的老百姓了。这话初听起来有点夸张，实际上点出了管仲的最大功绩：华夏民族的文明化进程之所以没有断裂，他是首屈一指的功臣。

站在今天的角度来看，管仲不仅维护了华夏文明的延续，而且使之进一步的文明化、礼仪化，这些是以他先进的文明思想为基础的。而管仲的文明思想，集中地体现在"仓廪实则知礼仪"这一论断上。

管仲已经能够比较清楚地认识到物质文明和精神文明之间的关系。他注重物质文明的建设，把富民放到首位，"治国之道，必先富民"，这是他率先提出来的。他以极其敏锐的洞察力，看到了一个社会稳定和发展的根源，是首先要解决人们的基本生存问题。

古代，国民经济非常单一，农业生产一直是国民经济的支柱产业。而管仲比其他思想家更高明、更睿智的地方在于，他不仅重视农业生产，也十分重视工商业。正因为如此，齐国才一跃成为最富有的国家，为称霸奠定了雄厚的物质基础。

接着管仲又指出："仓廪实则知礼仪，衣食足而知荣辱。"这就是说，老百姓的粮仓满了，丰衣足食了，就会知书达礼，分清荣辱，国家也就会兴旺发达，长治久安。

管仲认为，建设精神文明还得从国君开始。首先，国君要带头清廉，养成节俭的好风气；第二，国君要以天下人的利益为重，不可一味沉溺于个人享受。

一天，齐桓公向管仲请教："国君要尊敬什么？"

管仲言简意赅地回答："要尊敬天。"

桓公还真听话，他马上仰起头来观望天。

管仲说："我说的天，可不是指无边无际的苍天，而是指天下的百姓。老百姓称颂国君，社会就会安宁。老百姓帮助国君，国家就会富强。要是老百姓说君主不好，那就危险了。老百姓一旦不信任君主了，就会使国家灭亡。"

桓公说："有这么严重吗？"

"当然啦，"管仲说道，"譬如社会上的奢侈之风，如果不坚决刹住，老百姓就会起来赶走那些贪官污吏，这样就会使社会陷入动乱之中！君主也会失去人民的信任。"

"依你看，应怎样解决这个问题呢?"桓公问道。

"这要从您做起。国君带头俭朴，群臣便不敢奢侈;群臣一旦清廉，地方官必定不敢贪污腐败。这样，老百姓就满意了。"管仲说道。

齐桓公心悦诚服地说:"你说得有道理。我一定按照你的意见去做。"

管仲在齐国当了40年宰相，辅佐齐桓公成为"春秋五霸"中的第一人。他去世之后，齐桓公悲恸不已，大呼:"哀哉仲父，是天折吾臂也!"

从齐桓公的私心角度，他尊称管仲为父是可以理解的;而从整个天下的角度，管仲堪称一个国家乃至一个民族的文明大使。培根说:"文明人与野蛮人之间的区别，几乎是神与人的区别。而这个区别不是土壤来的，不是气候来的，也不是从种族来的，而是从学术来的。"管仲，正是一个既有"学"又有"术"，既有思想又有办法的人。

如果说管仲是理念、权谋和手段兼备的一代贤相，那么比他稍迟的孙叔敖，则可以称为"仁相"了。

"仁者，爱人"，"仁"是孔子学说的核心，也是儒家理论的重要基石。与孔子生活在同一时代的孙叔敖，毕生将一个"仁"字作为自己为人和为官的信条。

孙叔敖（约前630—前593），名敖，字孙叔，楚国寿春（今安徽寿县）人。自幼勤勉，品学兼优。一天外出途中，偶遇两头蛇，时俗认为见此蛇者必死，他想:要死只我一人，不要再叫旁人看见。于是，他斩杀了这蛇，埋入山丘。后人感念他的功德，将此山命名为蛇入山，流传至今。

少时即有仁心的孙叔敖，入仕以后，更是将这个"仁"字不断放大。担任楚国令尹（宰相）期间，他体恤民情，严明法度，制定实施了许多有利于民生的政策法令。他的最大德政，就是主持修建了著名的水利工程——号称当时"天下第一大塘"的芍陂（今寿县安丰塘），泽被至今。此外，他凡事注意为老百姓提供方便。当时的楚庄王曾嫌原来通行的货币太小，改铸大币，强令通行，人民使用不便，引起市场混乱。孙叔敖认为"便民为要"，劝说庄王恢复通行小货币，市场又趋繁荣。

孙叔敖不但重视农业和水利，还注重冶金业、牧业和渔业的发展。他鼓

孙叔敖塑像

励民众上山采矿，使楚国的青铜冶炼和铸铁工艺在当时处于领先地位。他还劝导百姓利用秋冬农闲季节上山采伐竹木，再在春夏多水季节通过河道运出去卖掉。这样使资源得到合理利用，也利于国家富足和百姓生活的改善。孙叔敖这种因势利导的经济观点比司马迁早了500年。

孙叔敖为国为民，励精图治，使被中原诸国视为蛮夷的楚国日渐强盛，呈现出"家富人喜，优赡乐业，式序在朝，行无螟蜮，丰年蕃庶"的局面，并开始与晋国争雄。最终，使陈、郑、鲁、宋等国放弃晋国，而与楚国结盟。在孙叔敖的全力辅佐下，楚庄王在邲（今河南荥阳东北）大败晋军，奠定了雄楚称霸的伟业，成为春秋五霸之一。

虽贵为令尹，功勋盖世，但孙叔敖一生清廉简朴，多次坚辞楚王赏赐，家无积蓄，临终时连棺椁也没有。他过世后，其子仍靠打柴度日，穷困潦倒。古代戏剧始祖、楚国当时的戏剧表演艺术家优孟，便装扮成孙叔敖的儿子在楚庄王面前载歌载舞，庄王大受感动，下令厚待孙叔敖的儿子。

孙叔敖和管仲都出生于安徽，同为春秋名相。两个人都有着成熟的施政理念和执着的实干精神，显示出超人一等的能力和魄力，分别帮助齐桓公和楚庄王成就了一代霸业，是后世从政者的楷模。但两个人的个人气质上有所差异，管仲为人机巧，善于权变，而孙叔敖则为人仁厚，更注重道德操守。如果说管仲比较长于理论建树的话，那么孙叔敖则以近乎完美的道德形象赢得了同样广泛的赞誉。

　　总的说来，管仲和孙叔敖，既从共同的理念又从不同的侧面，诠释了"名相"的真意，也树立了"名相"的标尺，成为中国古代政治生态中最挺拔、最常青的大树型人物之一。

四、大美不言忽悟道

老子，约生活于公元前 571 年至 471 年之间。他的真名叫作李聃，又名老聃，楚苦县厉乡曲仁里人（今安徽涡阳，一说今河南鹿邑）。老子是中国道家学派的开创者，同时又是中国道教信奉的主要神灵。在唐代，他作为道教的主要神灵之一，被皇帝供奉为"太上老君"。直到现在，中国很多道观仍然被称作"老君观"或者"老君洞"，主要就是因为老子作为太上老君而得名。

相传儒家的鼻祖孔子曾向老子求教，并且赞叹说："真神龙也。"老子的思想，的确有一种"神龙见首不见尾"的玄奥，有一种朦胧诗般的曼妙美感。他是中国式智慧的一座高峰，也是世界思想史上的一座奇峰。他的著作《道德经》在世界上有上千种译本，是全部中华典籍中被翻译得最多的。

《道德经》可谓字字珠玑、句句

老 子

真理，以简洁优美的五千余字，构造出了一个朴素、自然、豁达、飘逸的思想体系，像婴儿一样清澈明亮，又像潭水一样深不可测。有时我们自认为抓住了老子思想的精髓，其实只是捕捉到了其中一小片闪光的鳞甲，而整个龙的身躯还在更深的云雾之中。或许我们应该牢记老子"知者不言，言者不知"的教导，在这五千字面前保持沉默，但谁又能抗拒解读这千古传诵的"朦胧诗"的诱惑呢？

我们身处的这个宇宙，发生过许多"石破天惊"的大事件，如宇宙诞生之时的大爆炸，寒武纪时的生命大爆发，还有，就是人类诞生之后的各种文明大爆发，其中从西方的古希腊到春秋战国时期的中国，人类早期文明时期的各种"理论大爆炸"，极炫目地点亮了人们的视野。

在中国古代的思想流派中，道家是最具有哲学气质的，因为它集中回答了关于宇宙起源的种种问题，所以它带来的思想上的震撼效果也是最"石破天惊"的。点燃道家学派"理论大爆炸"的魔法师，就是老子和他的《道德经》，而他手中"炸药"的最重要的内核就是一个字："道"！

"道生一，一生二，二生三，三生万物"，这句话既有着符咒般的神秘，又有着童谣般的天真，它就是老子为我们描绘的世界诞生的图景：世界上的万事万物，都是由"道"而来的。由于它创造了世界上的万事万物，所以人们应当把它当作宇宙中的最高准则。"道家"的"道"字，也就是因此而得名的。

现代学者用现在的哲学语言，对"道生一，一生二，二生三，三生万物"翻译如下：道产生宇宙原始混沌物质，宇宙原始混沌物质分裂成阴阳对立的两个方面，阴阳对立的两个方面产生新生的第三者，新生的第三者产生千差万别的事物……

爱因斯坦说，中国人没有遵循逻辑推理和实验方法，但一切都做出来了。的确，中国人"猜"出了许多东西，虽然缺乏现代科学意义上的探索与论证，但已经展现出了非凡的直觉能力和整体把握能力。尤其是老子，他在许多最重大的问题上，不仅猜中了开头，而且猜中了结尾。

但这位魔法师接着又说："道可道，非常道。"道可以说出来，但通过人们口中说出的道，却并不是真正的道，真正的道是说不出来的。这表明，老子所说的道，是一种恍恍惚惚、不可捉摸、难以名状的东西。这种神秘而又玄虚的东西无所不在，但人们又很难用准确的语言来描述它。

这样一种带有神秘主义色彩的思维方式，基本上切断了逻辑学的退路，但却开启了诗歌和艺术之门。所以，李泽厚等许多现当代学者都说"儒家近伦理学，道家近美学"。

老子又进一步给出了宇宙演化的路线图：

有物混成，先天地生。寂兮寥兮，独立而不改，周行而不殆，可以为天下母。吾不知其名，字之曰道，强为之名，曰大。曰逝，逝曰远，远曰反。故道大，天大，地大，人亦大。域中有四大，而人居其一焉。人法地，地法天，天法道，道法自然。

在老子看来，道是整体性存在，天是整体性存在，地是整体性存在，人也是整体性存在。宇宙中有四个层次的整体性存在，而人是其中之一。人效法地，地效法天，天效法道，道则以随遇自在作为法则。这最后一句"人法地，地法天，天法道，道法自然"，给出了"人""地""天""道""自然"之间的关系，既具有等差数列般的秩序美，又具有混沌朦胧的诗意美。

或许道家觉得"道"这个词过于玄妙，所以往往又以一些具象之物为象征，来解释宇宙间的道理。因为，中国式思维方式，是重形象思维大于抽象思维的，所以你尽可以说，中国古代的许多哲学文章更像是一首首散文诗，而道家表现得尤为显著，老子所拈出的"水"，就是哲理的载体，也是诗意的载体：

上善若水，水善利万物而不争，此乃谦下之德也；故江海所以能为百谷王者，以其善下之，则能为百谷王。天下莫柔弱于水，而攻坚强者莫之能胜，此乃柔德；故柔之胜刚，弱之胜强坚。因其无有，故能入于无之间，由此可知不言之教、无为之益也。

老子指出，上善的人，就应该像水一样。水造福万物，滋养万物，却不与万物争高下，这才是最为谦虚的美德。江海之所以能够成为一切河流的归宿，是因为它善于处在下游的位置上，所以成为"百谷王"。世界上最柔的东西莫过于水，然而它却能穿透最为坚硬的东西，没有什么能超过它，例如滴水穿石，这就是"柔德"所在。所以说弱能胜强，柔可克刚。不见其形的东西，可以进入没有缝隙的东西中去，由此我们知道了"不言"的教导，"无为"的好处。

关于"以柔克刚"，有一个老子拜师的故事很能说明问题：

老子的智慧也并不是天生的，同样经过了一番苦苦寻道的过程。在年轻的时候，他也和孔子一样四处求教，曾经有一个叫常枞的民间高人给了他关键性的指点。据说，常枞有病，老子前往探视，问道："先生病得这样厉害，有什么要教导学生的呢？"常枞说："你即使不问，我也要告诉你，经过故乡要下车，你知道吗？"老子回答说："经过故乡要下车，不是说的不忘故土吗？"常枞高兴地说："啊，是这样的。"常枞又问："经过高大的树木要快步走，你知道吗？"老子回答说："经过高大的树木要快步走，不是说的要敬重老人吗？"常枞高兴地说："啊，是这样的。"这时，常枞张开嘴，面对老子说："我的舌头还在吗？"老子看了看说："在。""我的牙齿还在吗？"老子看了看说："没有了。""你知道其中的道理吗？"老子回答说："舌头的存在，难道不是因为它的柔软吗？牙齿的失去，难道不是因为它的强硬吗？"常枞欣喜地说："呀，是这样。天下的道理你已经全部了解了，我没有什么要告诉你的了。"

老子曾经担任周朝的国家图书馆馆长，相当于现在的厅级官员。传说他未经许可，擅自出国，幸好被边境关防司令（令尹）扣留，令尹以私放出国为条件，逼迫老子写书，老子这才写了一篇五千余字的《道德经》加以应付。然后骑着青牛，出函谷关，此后，老子的行迹便消失于西域的荒凉地带……

由此看来，老子不仅是一位思想家，还是一位行为艺术家。他神奇般地降生（相传老子是天上的流星坠落人间，出生时便会说话，而且手指院中李树说："这是李树，我就姓李。"），又神奇般地骑青牛出关而出，不知所终——仿佛是以自己的行为，回答了"我是谁，从哪里来，到哪里去"的终极思辨问题。虽然回答本身比问题更像是一个谜，却更加启人哲思。

那么，老子究竟是谁呢？有的时候，他愿意自己是一个婴儿。"众人熙熙，如享太牢，如春登台。我独泊分其未兆，如婴儿之未孩。"老子说众人熙熙然贪图享受，好像品尝美味一般高兴，好像春天登临高台一样适意。而我却淡泊以自处，像婴儿之未孩，不失其赤子之心，不贪求纵欲之欢。

永远是个婴儿，谁能把童心保持得越长久，谁就能把自我守卫得越牢固。当然，人活在世上，也需要讲究些策略。纯真而弱小的自我，面对纷繁的世界，应该采取什么样的态度呢？老子所给出的答案是：虚静。

致虚极，守静笃，万物并作，吾以观其复。夫物芸芸，各复归其根。归根曰静，是曰复命。复命曰常，知常曰明。不知常，妄作，凶。知常，容。容乃公，公乃王，王乃天，天乃道，道乃久，没身不殆。

上面这段话翻译成白话文就是："尽可能地使自己显得虚若无有，尽可能地保持清静，在事物波起云涌似的演变过程中，我们可以因此而观察它们的循环反复。世间万物虽然纷纭繁杂，但它们都可以归结于它们的根本。归结到根本它们就显示出始终如一的清静，这就叫作恢复到'本来'。懂得恢复'本来'就叫作达成了生存的恒常，懂得达到生存的恒常就叫作有明于道。不懂得达成生存的恒常而胡作非为，就会充满凶险。懂得达成生存的恒常就能雍容裕如。能雍容裕如就能得到众人的拥戴，得到众人的拥戴就可以统摄全局，统摄全局就可以像天一样，像天一样就可以进而像道一样，可以永久存在，终身没有危险。"

老子反对过分的物质追求和感官享受，说"五色令人目盲，五音令人耳聋"，认为只要能满足基本的衣食需求就可以了，精神世界的安宁和富足才是真正的幸福。他自甘淡泊，讲求虚静，主张抵御外界的物质诱惑，保持人所固有的灵性、理性、悟性，从而达到返璞归真、平淡悠远的境界，获得精神上的真正满足。这也就是后来诸葛亮所说的"非淡泊无以明志，非宁静无以致远"。

"知其白，守其黑，为天下式。"这也是老子所推荐的人生态度。黑与白，这样一个二元对立，是老子对于世界的水墨画般的描述，极富中国的美学情调，犹如西方哲人爱说的"天使与魔鬼"。究竟如何在复杂的社会里面自处呢？第一，老子不赞成书呆子哲学，指出对社会的黑暗面和人性的阴暗面，都要有清晰的认知；第二，老子也不赞成酱缸哲学，即知道黑暗面和阴暗面之后就去同流合污，甚至在污浊中如鱼得水，他指出还是要有所坚守，拿今天的话来说，就是要有明确的底线。

老子的另一句"和其光，同其尘"，意思也与之相仿佛。

"知白守黑"由于画面感强烈，属于视觉系哲学，后来从一种高端的生存智慧，发展成为经典的艺术智慧，为许多中国书画家所恪守。

一面是纯净的婴儿，一面是冷静的观察家，老子想把两个角色都扮演得很好。

冷静的观察，使老子成为一位谋略家，这是他在思想家、哲学家之外的另一个身份。实际上，《道德经》主要是写给统治者看的，它是一部谋略之书。老子将自己的政治理念寄寓其间，对统治者苦口婆心，显示了一种伟大的人文关怀和悲悯情结。

在政治方面，老子强调的是"无为而治"，要求"圣人处无为之事，行不言之教"。他说，圣人治理天下，一定要使自己像婴儿一样纯真。"我无为而民自化，我好静而民自正，我无事而民自富，我无欲而民自朴"。如果君主没有欲望，不去强迫百姓为自己做事，百姓自然也就安适了；如果君主喜欢清静，不去烦扰百姓，百姓的行为自然端正；如果君主不奢华浪费，百姓的日子自然也就富足，民风自然也就淳朴。社会为什么会出现长期的动乱，就是因为君主的欲求太高了。

老子的思想已经类似于市场经济的学说了，可惜很少有人能理解，历代统治者只知扰民，只知私欲膨胀，老百姓怎么能富裕、安乐呢？"以智治国，国之贼；不以智治国，国之福。"中国人有点小聪明，于是统治者竭尽心智折腾老百姓，又怎么知道摒弃个人智能，发挥法治、市场的作用？

老子给统治者划了个等级，分为四等："大上，下知有之，其次亲而誉之，其次畏之，其次侮之。信不足焉，有不信焉。"最好的统治者，人民仅仅知道有他的存在；其次的统治者，人民亲近他并且称赞他；再次的统治者，人民畏惧他；更次的统治者，人民咒骂他。统治者的诚信不足，人民才不相信他。

这里的意思是：最高明的统治，是道家的无为而治；第二等的，是儒家的教化、礼治；稍差和最差的，是法家之"暴政"。可惜的是，历代统治者用得最多的是法家之术，其次是儒家之术，最少的是道家之术。

春秋时期是一个"征伐"频仍的事情，一般战争持续的时间都较长，短则几个月，长则可达几年。而长期持续的战争，对百姓的正常生活破坏很大，于是老子沉痛地说道："师之所处，荆棘生焉；大军过后，必有凶年。"这段话充满了悲悯情怀。

老子对于"兵"所持的亦是强烈的怀疑态度。他指出："兵者不祥之器，非君子之器，不得已而用之，恬淡为上。"因为没有法制约束，所以手握枪杆子的统治者应自觉克制不滥杀，恬淡为上。

由此可见，老子反战的态度是非常鲜明的，他说："勿美也。若美之，是乐杀人也。夫乐杀人，则不可得志于天下矣。"这是在告诫人们不要宣扬和赞美战争的胜利，如果宣扬和赞美战争，等于是以杀人为乐。以杀人为乐者，不可真正得志于天下。

在经过一番铺垫之后，老子终于提出了自己的终极理想，"治大国若烹小鲜"。其实，这不是说治国容易，而是说治国太难！老子的言下之意是，既然治国如此之难，能不慎乎，能不慈乎，能不爱民乎？

但当时的君王，谁会在乎一个老头在说些什么呢？"知我者希，则我者贵，是以圣人被褐怀玉"，老子此话的意思是，了解我的人太少了，能效法我的人更难遇到。因此，圣人往往是穿着粗衣，却怀揣美玉，有货不能为人所识。的确，老子提出以柔克刚、无为而治，很少有人能理解，尤其是他接近于自由主义、市场经济的无为而治思想，仅仅是等到统治者暴政过后，为了与民休息，才短暂地实行一阵子罢了。

小国寡民。使有什佰之器而不用，使民重死而不远徙。虽有舟车，无所乘之；虽有甲兵，无所陈之。使民复结绳而用之。甘其食，美其服，安其居，乐其俗。邻国相望，鸡犬之声相闻，民至老死，不相往来。

请看老子给我们描绘的一幅社会生活的图景：国家要小，人民要少。即使有各种器具，也不多用；使人民珍惜生命，不作长距离的迁移；虽有船只车辆，却没必要去乘坐；虽有兵器武备，却没必要去布阵打仗。使天下回复到人民都结绳记事的远古状态之中。让人民吃得香甜，穿得漂亮，住得安适，满意于他们的平凡生活。国与国之间相互望得见，鸡犬之声相互听得见，而人民从生到死，也互不往来。

三千年后，有一位英国哲学家舒马赫写了一本轰动世界的书《小的是美好的》，一定程度上可以看作老子的思想在 20 世纪的回响，不由不让人赞叹老子的先见之明。不仅如此，老子简直是低碳生活的最早倡导者，甚至预言了"老死不相往来"的宅男宅女们的出现。

从结绳记事发展到用另一种"绳子"（网线）连接整个世界，科技日新月异，但人的欲望和欲望最深处的渴念，历经岁月变迁而始终不变。这就是先贤为什么能长久地俘获人心的根源。

道家的谋略和政治理想，与现当代最先进的政治理念和经济理念，在许多地方不谋而合。这才是中国文化最耀眼的亮色，才是中国文化真正的骄傲。而更令人敬佩的是以老子为代表的谋略家，大多数都是毫无私心的，他们并不指望占据"帝师"的角色来博取荣华富贵，他们只是怀着无比的悲悯之心，苦口婆心地告诉统治者：一定要无为而治啊，一定要护佑苍生啊！尽管如此感天动地的呼吁，往往得不到回应，只换来了心力交瘁。

在现实生活中，当一切都不尽如人意的时候，艺术往往是最后的避难所。现代学者徐复观曾说过，中国艺术的精神就是道。反过来也可以说，道的精神就是艺术。那么老子的艺术和美学思想又是怎样的呢？

"大音希声，大象无形"这八个字，正是老子最核心的美学思想。其字面上的意思是：最美的音乐是没有音乐，最美的形象是没有形象。但老子的本意实际上还是提倡崇尚自然、顺其自然，"无为而无不为"。

"无声""无形"本来是虚空的东西，谈不上"大音""大象"。所谓"大音希声，大象无形"，应是大音若无声，大象若无形。至美的乐音，至美的形象已经到了和自然融为一体的境界，反倒给人以无音、无形的感觉。"大音""大象"至少有一个负载它们的实体，才能显示其"大"。《道德经》中通过大量地描述自然界和社会中的事例，来道破这一"天机"。比如为了说清楚万物"有生于无"的道理，老子举了"车毂""容器""房子"等例子："三十辐共一毂，当其无，有车之用。埏埴以为器，当其无，有器之用。凿户

老子悟道图

牖以为室，当其无，有室之用。故有之以为利，无之以为用。"当老子说有了车的中空的地方才有车的作用时，当老子说有了器具中空的地方才有器皿的作用时，当老子说有了门窗四壁内的空虚部分才有房屋的作用时，老子所描述的这些事例皆有助于人们对于"无形""无名"之道的领会。无形之"象"（或"道"）无法直接道说，"象"与"道"就需通过"某事某物像什么"（事例）的方式来获得显现。虽"大象无形""道隐无名"，却可以经由"事例"领悟"道"之存在。

一言以蔽之，"大音希声，大象无形"乃是一种艺术和美的最高境界。它揭示出，最完美的文艺作品都必须进入道的境界，进入自然朴素而没有任何人为痕迹的本真境界。可见道家所追求的，正是一种超乎言意之表、越乎声色之上的"自然""朴素"之美。老子的后继者庄子的名言"天地有大美而不言"，说的也正是类似的道理。

中国的美学思想与西方不同的是，讲究"风骨""气韵"，提倡"妙语"，标举"神韵""性灵"和"意境"，形成了具有民族特色的美学思想链条。个中原因固然很多，但与道家思想的影响密不可分。

"风骨""气韵"之类的概念，原是用来品评人物的。魏晋南北朝时期，受道家重意轻言、重神轻形思想的影响，人们对于放浪形骸之外，不受封建礼法束缚的行为或精神风貌常常给以激赏，讲求潇洒不群、超然自得、无为而无不为的所谓"魏晋风度"。反映在文艺评论中，是以"风骨"论文，如刘勰的《文心雕龙·风骨》，要求文章在思想艺术方面具有感动人的力量和挺拔遒劲的文辞，就像鹰隼盘旋于晴空那样"骨劲而气猛"。同时又以"气韵"评说绘画，如谢赫在《古画品录》中要求"气韵生动"，即绘画要生动地表现出人的内在精神气质和格调风度，表现出外物的生机意趣、特色及内涵。

在诗论中道家的影响应该说更为明显。例如以味论诗的首创者钟嵘认为，诗歌应当"有滋味"，"使味之者无极，闻之者动心，是诗之至也"。"韵味"说的倡导者司空图十分形象地指出："诗家之景，如蓝田日暖，良玉生烟，可望而不可置于眉睫之前也。象外之象，景外之景，岂容易可谈哉？"严羽的《沧浪诗话》则认为，诗的最妙处"莹澈玲珑，不可凑泊，如空中之音，相中之色，水中之月，镜中之象，言有尽而意无穷。"所以他主张"诗道亦在妙悟"。以上这些理论，都可以在道家思想中找到根据，可以说其哲学基础就是道家的"无为""无言"，以及离"形"而得"神"等理论。

由此可见，老庄虽然表面上否定文艺，但论其实质，对中国古代文艺及其理论的影响并不亚于孔孟。老庄思想所表现出来的中国艺术精神远非其语言符号所能诠释清楚的，并深刻地影响着中国文人的艺术生命和艺术见解。

五、一生只爱逍遥游

　　道家是善于做梦的，而且一做就是大梦，关于世界的大梦。在道家看来，世界就是一场梦，一个玄妙中的存在。这种独到的世界观，不仅与西方哲学中的本体论相比毫不逊色，而且洋溢着无穷的诗情画意，让人深深着迷。

　　"大梦谁先觉，平生我自知。"最先觉的无疑是前文所说的老子，他以一个玄妙的"道"，揭开了整个世界、整个宇宙的帷幕，让我们能从一个本体论的视角，一窥堂奥。相比之下，庄子有着更为充沛的浪漫主义气质，也有着更加无边无际的想象，他梦见了鲲，梦见了鹏，梦见了时间的开端，梦见了世界的尽头……

　　庄子（前369—前280），名周，宋国蒙（今安徽蒙城）人，战国时曾做过漆园小吏。庄子一生坎坷，是道家学说的集大成者，继承和发展了老子的思想。

　　庄周和他的门人以及后学者著有《庄子》（被道教奉为《南华经》），与老子《道德经》并称为道家最重要的经典。《逍遥游》是《庄子》一书的首篇，也是表达庄子哲学思想的代表作。"逍遥游"是庄子人生哲学的最高境界，也是庄子哲学有别于老子哲学最根本的标志。《逍遥游》篇的主旨是说一个人应当突破尘世中的功、名、利、禄、权、势、尊、位等种种"身外之物"的束缚，使自己的精神做无挂无碍、无我无物的"逍遥"之游。庄子的"逍遥游"所游之处在哪里呢？所谓"六极"之外、"尘垢"之外、"四海"之外、"无何有之乡"，但这些不过是想象中的虚静世界。由此可见，庄子的

"逍遥游"其实是一种超越现实的局限性，摆脱名缰利索、道德是非、逻辑理智束缚而达成的优游自在、徜徉自得的心境。

《逍遥游》之中，最让人思想上"竦身一摇"的就是鲲与鹏了。

北冥有鱼，其名为鲲。鲲之大，不知其几千里也。化而为鸟，其名为鹏。鹏之背，不知几千里也。怒而飞，其翼若垂天之云。是鸟也，海运则将徒于南冥——南冥者，天池也。

如果说老子的取譬对象，还是水这样的非生命体，那么更加文艺范、更加具有想象力的庄子就扩展到了生命体。鲲与鹏，就是他精心"豢养"的两个哲学动物。

瞧，这是多么壮观的景象！鲲是一条生活在北海、硕大无比的大鱼；鹏就是由鲲而变成的一只巨鸟，与鲲一样，也是庞然大物；鲲、鹏活动的世界是一个无比广阔的空间，远远超过人们的想象。它一方面表达了人们对于无边无际世界的向往，又隐含着一种恐惧，而这种恐惧中，又带着无比的莫名的兴奋，打个或许不太恰当的比方，就像我们年幼时对于恐怖片的向往和兴奋一样。

人类最大的恐惧，是对于未知的恐惧，而人类最大的兴奋，则是把未知变成已经的过程。从这个意义上说，老子和庄子这样的智者，同时也是伟大的勇士。

小知不及大知，小年不及大年。奚以知其然也？朝菌不知晦朔，蟪蛄不知春秋，此小年也。楚之南有冥灵者，以五百岁为春，五百岁为秋；上古有大椿者，以八千岁为春，八千岁为秋。而彭祖乃今以久特闻，众人匹之，不亦悲乎！

庄子在讨论了空间的无比博大之后，又探讨了时间的博大与多重性，即存在着不同的世界，而每一个世界都有其不同的时间刻度，比如在楚之南，就有冥灵者以五百岁为春、五百岁为秋，一千岁方为一整年。这恐怕就是日后人们常说的"山中一日，人间百年"的源头了。

魏晋时期志怪小说家干宝的《搜神记》中，便叙述了一个十分经典的故事：晋朝时有一位叫王质的人，有一天他到信安郡的石室山去打柴，看到一童子和一老叟正在溪边大石上下围棋，于是把砍柴用的斧子放在溪边地上，驻足观看。看了多时，童子说"你该回家了"，王质起身去拿斧子时，一看斧柄已经腐朽了，磨得锋利的斧头也锈得凸凹不平了，王质非常奇怪。回到家里后，发现家乡已经大变样，全是陌生的面孔，无人认得他；他提起的事，有几位老者都说是几百年前的事了。原来王质在石室山打柴误入仙境，遇到了神仙，山中方一日，人间已百年。

庄子的时间相对论看起来很初级，但在那个时代就能够提出，不仅相当了不起，而且让人心驰神往。

《逍遥游》中，庄子和惠子（惠施）有一段活灵活现的对话。惠子告诉庄子说：魏王送我一个大瓠瓜的种子，我就种起来，结果长了一个大瓠瓜。有多大呢？足足有五石。但如果我拿它来盛水，又拿不动；如果我把它剖开了晒干作舀水用的水瓢，水缸又没有那么大。这个东西大是大，但是大得没有用。

庄子跟惠子素来是好朋友，也是死对头，碰到就抬杠。这次庄子就对惠子说：怎么怕没有用处呢？你把大瓠瓜晒干了挖空，像坐在大船里一样，也不用买船票，可以到处去玩。你不知道用大瓠瓜，真是一个大傻瓜。

惠子挨了骂，没有生气，接下来他又说：我还不止有那个大瓠瓜，我家里还有棵大树，叫"樗树"。樗树在南方很多，比榕树还容易种，但根部非常臃肿，外面有很多瘤，因此"不中绳墨"。"绳墨"是用墨斗把一条墨线拉起来，两边绷直扯好，用手一弹，木上就留下了一条笔直的黑线，锯子沿着这条黑线就可以锯下去了。但是"绳墨"对于樗树的大树根却没什么办法，树根中间到处鼓起包，导致无法弹出笔直的黑线。而且这种樗树的枝条歪歪曲曲，不合乎规矩标准，长在路上，木匠看都不看。

这时庄子就说："今子有大树，患其无用，何不树之于无何有之乡，广莫之野？"嘿嘿，惠子你家里不是有棵大树吗？有了大树有什么不好？你可以把大树栽在一个地方，什么地方我来告诉你，那就是"无何有之乡"，什么都没有，"广莫之野"，无边无量，万物都看不见的地方。你把大树栽在那里，一天到晚在那里优哉游哉，逍遥自在。那棵树，晴天当斗笠，可以挡太阳，下雨可以当雨伞。你睡在下面，谁也不来砍它，万物都不来扰害你，这样你才是真正的自在，真正的逍遥。

"无何有之乡"是庄子的又一大发明，从字面上看，无何有之乡似乎是所有"无用"之物的聚集地，而一旦"无用"起来，也就意味着摆脱了尘世间的所有束缚。从超越性的意义上看，无何有之乡意味着尘世之外的秘境，一个中国式的乌托邦。

庄子认为，一切事物都处在变化、发展之中，都是相对的，可以转化的。他说道："故万物一也，是其所美者为神奇，其所恶者为臭腐，臭腐复化为神奇，神奇复化为臭腐。故曰，通天下一气耳。"翻译成白话文就是："所以，万物说到底是同一的。这样，把那些所谓美好的东西看作是神奇，把那些所谓讨厌的东西看作是臭腐，而臭腐的东西可以再转化为神奇，神奇的东西可以再转化为臭腐。所以说，整个天下只不过同是气罢了。"

有一天，庄子在山中行走，看见一棵大树，它的枝叶非常茂盛，伐木人站在树旁却不去砍伐。问他为什么不去砍伐，他说："没有什么用处。"庄子说："这棵大树因为不够良木的材质，所以才能享尽天赋的寿命。"

庄子走出山区，在老朋友家歇息。老朋友很高兴，便叫童仆杀鹅来款待庄子。童仆问道："有一只鹅会叫，另一只鹅不会叫，请问杀哪一只？"主人说："杀不能叫的。"

第二天，弟子向庄子问道："昨天遇见的山中之树，因为材质不好而能够终享天年；现在主人家的鹅，却因为没有才能而被杀。先生将要处于哪种情境呢？"

庄子笑着说："我庄周将要处于有材和无材之间。不过处于有材和无材之间似乎妥当，其实不然，所以不能免于拖累。若是顺应自然之道而游于虚无之境，那就大不一样了。那时，既没有美誉也没有毁谤，时隐时现犹如龙蛇一般，随时变化，而不偏执一端。上上下下随意飞腾与潜伏，以顺应自然为法则，游心于万物产生之前的混沌境界。主宰万物而不被外物所役使，那么怎么还会受到外物的拖累呢！这是神农和黄帝的处世法则。若是万物的情况和人类的习俗就不是这样了，有了汇合就有分离，有了成功就有毁坏，锐利的将被挫折，尊贵的将被非议，有作为的人将要遭受亏损，有贤能的人将要遭人谋算，没出息的人就会遭受欺侮。谁又能得知荣辱福祸必然来临的缘由呢！可悲啊，弟子们要记住，想要免于拖累，只有进入清静无为的大道境界啊。"

庄子的这两个小故事和一段话，既说明了宇宙间事物不停发展、转化的规律，又揭示出了人世间命运的无常。

接下来，该轮到那只中国哲学史上著名的蝴蝶出场了——

昔者庄周梦为蝴蝶，栩栩然蝴蝶也。自喻适志与！不知周也。俄然觉，则蘧蘧然周也。不知周之梦为蝴蝶与？蝴蝶之梦为周与？周与蝴蝶则必有分矣。此之谓物化。

庄子对于自我的认知，是十分玄妙的。对于"我是谁"这个问题的回答，他从来不是教科书式的，而是展开了一系列优美的思想实验，这些思想实验，甚至堪与爱因斯坦那些形象化的思想实验相比。

"庄生晓梦迷蝴蝶"，就是其中最著名的一个思想实验。庄子有一天睡觉，梦见自己变成了蝴蝶，双翼飘举，游历花丛，他在花瓣和木叶间大声地笑。

庄周梦蝶图

醒来之后的庄子，如坠云雾之中：是我做梦变成了蝴蝶呢，还是蝴蝶做梦变成了我？如果是我变成了蝴蝶，为什么我会体会到蝴蝶独有的飞翔之乐？如果蝴蝶做梦变成了庄周，为什么这一切会出现在庄周的记忆里？不管怎么说，庄周与蝴蝶那必定是有区别的。这就可叫作物、我的交合与变化。

这真是难解，但实在是有趣之极，这种智慧上的"高峰体验"，经历了一次都叫人满心欢喜。

庄子先把蝴蝶梦抛在一边，他继续变化。有的时候，庄子喜欢化身为一条快乐的鱼。"鱼儿们在水里，多么快乐啊！"庄子与惠施在濠梁观鱼，他一边看一边深深地叹息。"你又不是鱼，怎么知道鱼是快乐的呢？"惠施问他。"咦？"庄子严肃地反问，"你又不是我，怎么知道我不知道鱼的快乐呢？"是啊，庄子的意念早就穿越了水的屏障，和鱼儿合二为一，水像温柔的手抚过他的身躯，岸上的庄子，在水里无比开心。

有的时候，庄子又化身为一只自由之龟。一天，庄子聚精会神地坐在濮水边垂钓，身后不知何时走来两个峨冠博带的大人物。"老先生，打扰了。我俩是楚威王的钦差，奉命恭迎你进王宫主持国务，上为君王分忧，下为黎民谋福。"庄子头也不回，漫不经心地答道："我听说楚国有只三千多岁的神龟死了，楚王恭敬地把它的尸骨用锦缎包好，藏在精美的竹箱里，供奉在庙堂之上。你们说，这只龟是愿意死后留骨而贵，还是愿意活着在泥水里自由地摇尾游弋？"两位大臣说："当然愿意在泥水中无拘无束地生活喽！"庄子郑重地说："既然如此，二位请回吧！因为我也要像泥水中的龟那样逍遥地度过残生。"

在这一系列思想实验之后，庄子不无沉痛地说："汝身非汝有也，是天地之委形也；生者，假借也。"与鱼和龟相比，我们只不过是比较幸运地被赋予了人形；与鲲和鹏相比，我们的人形又显得那么渺小和软弱，但无论怎样，终究改变不了"假借"的本质，迟早都要将自己的躯壳交还给天地之间的主宰，像水珠一样蒸发，像江河一样远走。

西方存在主义哲学家爱说"被抛"，即人是被突然抛到这个世界上的；庄子等道家人物爱说"假借"或"此生如寄"，都表达了一种无法掌握自己命运的痛楚。

越是无法掌控，越是渴望自由和解放，而自由和解放的最高境界就是"逍遥游"。庄子在《逍遥游》中，给我们描绘了一幅让人浮想联翩的画面：

藐姑射之山，有神人居焉。肌肤若冰雪，淖约若处子；不食五谷，吸风饮露；乘云气，御飞龙，而游乎四海之外；其神凝，使物不疵疠而年谷熟。

在尽情赞美"神人"的外在风姿之后，接下来，庄子又从内在的精神层面进行了歌颂："那个神人，他的德行，与万物合为一体。世人期望他来治理天下，他哪里肯辛辛苦苦地管这种微不足道的事情呢！这样的人，没有什么东西可以伤害他，洪水滔天也淹不着他；大旱把金石溶化了，把土地烧焦了，他也不觉得热。他的'尘垢秕糠'，也可以制造出尧、舜来。他哪里肯把治理天下当作自己的事业呢！"

身为凡俗之人的我们，很难拥有神人的外貌，但可以贴近神人的内心。也就是说，只要能够获得心灵解放，只要能够做到"不为物役"，即使你身处喧嚣的闹市，也能进入遥远的姑射山神人一般的境界。

那么，如何做到对现实世界的超越呢？庄子教给我们的办法之一是"忘"。一条鱼，气喘吁吁地游来，向庄子求询爱情的含义。庄子敲敲鱼的脑袋，先说了一个故事：当河湖干涸的时候，鱼儿们在陆地上共渡危难，它们吐沫相濡，呵气相湿，互相亲附，但比之在江湖中逍遥自在的生活，真是天壤之别。所以庄子对鱼说：既然有了欲望，就难免要备受煎熬，那么，与其"相濡以沫"，不如"相忘于江湖"。如果尽可能地保持个体的独立，或许获得的快乐要长久一点。

"鱼相忘乎江湖，人相忘乎道术。"在庄子看来，"忘"是"游"的必要条件，没有"忘"就不能展开"游"的翅膀。而如果能够做到"忘"，你是蝴蝶还是人，是人还是鱼，是鲲还是鹏，又有什么关系呢？因为，飞翔的是意念，而不是躯壳；逍遥的是精神，而不是形体。

除了对形体的忘，还有对于物质的忘："一受其成形，不亡以待尽，与物相刃相靡，其行尽如驰，而莫之能止，不亦悲乎？"（《庄子·齐物论》）这段话的意思是：人承受形体而出生，就执着于形体的存在，直到生命尽头。它与外物互相较量摩擦，追逐奔驰而停不下来，这不是很可悲吗？

　　人受肉身的束缚，已经很可悲了，又受肉身之外的身外之物束缚，那么，其悲又更深了一层，最后会发展到无比焦虑的状态，"其寐也魂交，其觉也形开，与接为构，日以心斗"。意即：睡觉时心思纷扰，醒来后形体不安，与外界事物纠缠不清，每天钩心斗角。很明显，这样的困境来源于人们对超过生活必需之外事物的过度追求，在追求中错失了人生的真谛。

庄子与惠子

　　庄子一贯倡导简单而悠闲的生活，鼓励回归自然，人与自然合而为一，贬斥追逐财富，钩心斗角，迷失本性。因为，追逐物欲极易导致人格扭曲。有些人只看到自己失去的，但却没有看到自己得到的；而更多人只看到自己得到的，没有发现自己失去的。《庄子·列御寇》篇提到宋国有个叫作曹商的人，为宋王出使秦国。当他去时，宋王送给他数辆车子；到了秦国，秦王很喜欢他，又加赠他一百辆车子。曹商回到宋国，见了庄子说："要我身居陋巷，贫困地织鞋度日，面黄肌瘦，这是我做不到的；但能让万乘君主省悟而获赠百辆车马，则是我的长处。"庄子说："听说秦王有病召请医生，能让脓疮溃散的可获得一辆车；能舔治痔疮的可获得五辆车；治疗的部位越低下，获赠的车辆就越多。你难道给秦王舔过痔疮吗，怎么获得这么多车辆呢？你走吧！"

　　庄子和曹商的对话，让人想起古希腊哲学家亚力斯吉波斯与第欧根尼的故事：亚力斯吉波斯过着奢华的生活，但第欧根尼却形同乞丐。有一天，第欧根尼在河边洗菜，路过的亚力斯吉波斯看到了，说："你只要向我学习如何结交权贵，奉承他们，就可以享受荣华富贵，不必过着这么清苦的日子。"第欧根尼回答说："你只要向我学习安贫乐道，以青菜白饭度日，就不必过着整天送往迎来、卑躬屈膝的日子。"得失经常代表荣辱，但一个人的"得"可能是另一个人的"失"，一个人认为"光荣"的却是另一个人的"耻辱"，在得失荣辱之间，我们要听从的是自己的价值判断，而不必随他人起舞。

　　接下来，是对于生死的忘。生老病死（其实主要是"老病死"），是人必须面对的重大关口。道家对待死亡的态度，是富于浪漫主义色彩的，这从庄子鼓盆而歌的故事就可以看得出来。

　　惠子听说庄子的妻子死了，急急忙忙赶去吊唁。可是当他到达庄家的时候，眼前的情景却使他大为惊讶。只见庄子岔开两腿，像个簸箕似地坐在地上，手中拿着一根木棍，面前放着一只瓦盆。庄子就用那根木棍一边有节奏地敲着瓦盆，一边唱着歌。

　　惠子怒气冲冲地走到庄子面前，质问道："尊夫人跟你一起生活了这么多年，为你养育子女，操持家务。现在她不幸去世，你不伤心、不流泪倒也罢了，竟然还要敲着瓦盆唱歌！你不觉得这样做太过分吗！"

庄子说："其实，当妻子刚刚去世的时候，我何尝不难过得流泪！只是细细想来，妻子最初是没有生命的；不仅没有生命，而且也没有形体；不仅没有形体，而且也没有气息。在若有若无、恍恍惚惚之间，那最原始的东西经过变化而产生气息，又经过变化而产生形体，又经过变化而产生生命。如今又变化为死，即没有生命。这种变化，就像春夏秋冬四季那样运行不止。现在她静静地安息在天地之间，而我却还要哭哭啼啼，这不是太不通达了吗？所以止住了哭泣。"

庄子认为人的生命是由于气之聚，人的死亡是由于气之散，他这番道理，姑且不论其真实程度，就以他对生死的态度来说，便远在常人之上。他摆脱了鬼神对于人类生死命运的摆布，只把生死视为一种自然的现象；认为生死的过程不过是像四时的运行一样。这既可以说是一种对单个人的"忘情"，也可以说是一种对于生命本身的"深情"。

在对待自己死亡的问题上，庄子也显示了与大自然同在的博大情怀。《庄子·列御寇》载：庄子将死，弟子欲厚葬之。庄子曰："吾以天地为棺椁，以日月为连璧，星辰为珠玑，万物为赍送。吾葬具岂不备邪？何以加此！"弟子曰："吾恐乌鸢之食夫子也。"庄子曰："在上为乌鸢食，在下为蝼蚁食，夺彼与此，何其偏也！"

从"知人论世"的角度分析，庄子如此念念于"忘"，既是一种思想自觉，也包含强烈的批判色彩。当时的社会现实实在令人难以满意，庄子曾激愤地说："窃钩者诛，窃国者侯。"那些小偷小摸的人被逮到了一定会按律治罪，罪行严重的甚至还要判死刑；但是那些大偷大到偷窃整个国家的人则不但不会被治罪，而且还能成为诸侯称霸一方，受世人景仰。这是庄子对现实的描述，也是他发出的强烈抗议。

庄子同样反对同流合污，因为这是对于人格的极大自贬。在污浊的现实里追求洁净，在沉郁的岁月里追求快乐，在不自由的时代里追求自由，在有限的空间里追求无限，这恐怕就是庄子哲学的真谛。

庄子是最早提出平均思想的思想家。"平为福，有余为害者，物莫不然，而财其甚者也。"意思是说：平等、均富就是幸福，富裕有余就为祸害，万事万物莫不是这样的，而对于钱财这方面来说，则更为突出。他指出，既然人类是自然的产物，那么在自然面前，人人都是平等的，不应当有贫富差别。人世间的一切灾难都是不平等造成的，不平等是社会灾难的根源。

虽然绝对的平均既不可能，也会妨碍社会的进步，但庄子在那个贫富悬殊、贵贱分明的年代，能提出这样的平等思想，无疑是理想主义者的呐喊，迸射着人性的光华。

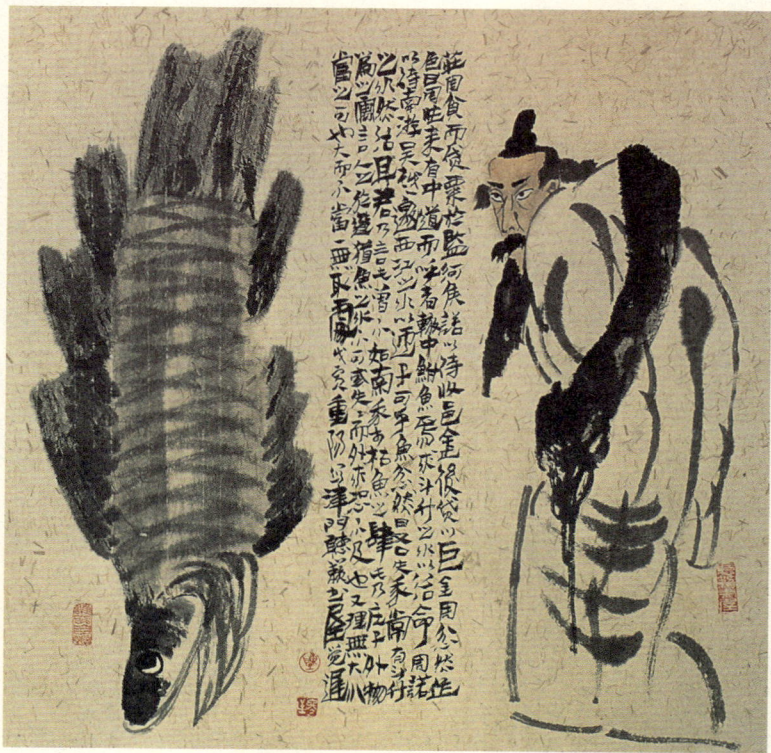

庄子与鱼相看两不厌

在美学思想方面，庄子进一步发展了老子的学说，透彻地阐述了"言不尽意、得意忘言"的道理。

"言者所以在意，得意而忘言。吾安得夫忘言之人而与之言哉！"这可能是"得意忘言"的最早出处，意思是说得到了真意而忘掉了表达它的语言。

这里的"忘言之人"也就是"得意"之人。从庄子的语气来看，"忘言之人"是非常难得的。

庄子为说明这个道理，讲了一个故事：

齐桓公在堂上读书，轮扁在堂下砍削木材制作车轮，过了一会他放下椎凿的工具走上堂来，问齐桓公："请问，公所读的是什么书呀？"桓公说："是记载圣人之言的书。"又问："圣人还在吗？"桓公说："已经死去了。"轮扁说："那么您所读的书不过是圣人留下的糟粕罢了。"桓公说："我读书，做轮子的匠人怎么能议论？说出道理就可以放过你，没有道理就要处死你。"轮扁说："我是从我做的事情看出来的。砍削木材制作轮子，轮孔宽舒则滑脱不坚固；轮孔紧缩则轮辐滞涩难入。只有不宽舒不紧缩，才能手心相应，制作出质量最好的车轮。这里面有规律，但我只可意会，不可言传。我不能明白地告诉我的儿子，我儿子也不能从我这里得到做轮子的经验和方法，所以我已70岁了，还在独自做车轮。古代人和他们所不能言传的东西都一起死去了，那么您读的书不过就是古人留下的糟粕罢了！"

"得意忘言"强调了言语只是一种带有象征性的工具，也涵蕴了形象大于语言文辞的意思（这进一步可悟出"形"与"神"的问题），后世文艺评论家钟嵘"文已尽而意有余"、皎然"意中之静，意中之远"、司空图"韵外之致，味外之旨"，都与之一脉相承。

在对于艺术创作规律的总结上，庄子也有过人之处。《庄子·渔父》中有这样一段话："真者，精诚之至也。不精不诚，不能动人。故强哭者虽悲不哀，强怒者虽严不威，强亲者虽笑不和。真悲无声而哀，真怒未发而威，真亲未笑而和。真在内者，神动于外，是所以贵真也。"用现下的话来说，就是艺术创作需要全身心地投入，"不疯魔不成活"。

与庄子同时代的"歌星"韩娥，就走着以情感人的路线。韩娥是战国时期韩国（今新郑一带）的民间女歌手，不但容貌美丽，嗓音优美，而且她的歌声感情浓郁，有着强烈的感染力，使听到她歌声的人都深深地陶醉。尽管如此，韩娥依然生活贫困。她住在客店中，店主人对她冷嘲热讽，满心悲痛的韩娥到大街上尽情歌唱，表达自己的怨情。她的歌声无限悲凉，人们听完后，整日沉浸在悲哀的情绪中不能自拔，最后，只好把她请出来唱了一首欢乐的歌，人们才随着她欢快的歌声从忧伤中解脱出来。由此可见韩娥的歌声具有多么非凡的艺术感染力，也再好不过地说明了"不精不诚，不能动人"的道理。

"用志不分，乃凝于神。"没有专注，就没有艺术，为了说明这个道理，庄子讲了两个故事：

孔子到楚国去，走出树林，看见一个驼背老人正用竿子粘蝉，就好像在地上拾取一样。孔子说："先生真是巧啊！有门道吗？"驼背老人说："我有我的办法。经过五六个月的练习，在竿头累迭起两个丸子而不会坠落，那么失手的情况已经很少了；迭起三个丸子而不坠落，那么失手的情况十次不会超过一次了；迭起五个丸子而不坠落，也就会像在地面上拾取一样容易。我立定身子，犹如临近地面的断木，我举竿的手臂，就像枯木的树枝；虽然天地很大，万物品类很多，我一心只注意蝉的翅膀，从不思前想后左顾右盼，绝不因纷繁的万物而改变对蝉翼的注意，为什么不能成功呢！"孔子转身对弟子们说："运用心志不分散，就是高度凝聚精神，恐怕说的就是这位驼背的老人吧！"

比驼背老人境界更高的是庖丁。这个庖丁替梁惠王宰牛，手所接触的地方，肩所靠着的地方，脚所踩着的地方，膝所顶着的地方，都发出皮骨相离声，刀子刺进去时响声更大，这些声音没有不合乎音律的。它竟然同《桑林》《经首》两首乐曲伴奏的舞蹈节奏合拍。梁惠王说："嘻！好啊！你的技术怎么会高明到这种程度呢？"庖丁放下刀子回答说："臣下所探究的是事物的规律，这已经超过了对于宰牛技术的追求。当初我刚开始宰牛的时候，对于牛体的结构还不了解，看见的只是整头的牛。三年之后，见到的是牛的内部肌理筋骨，再也看不见整头的牛了。现在宰牛的时候，臣下只是用精神去接触牛的身体就可以了，而不必用眼睛去看，就像感觉器官停止活动了而全凭精神意愿在活动。顺着牛体的肌理结构，劈开筋骨间大的空隙，沿着骨节间的空穴使刀，都是依顺着牛体本来的结构。宰牛的刀从来没有碰过经络相连的地方、紧附在骨头上的肌肉和肌肉聚结的地方，更何况股部的大骨呢？技术高明的厨工每年换一把刀，是因为他们用刀子去割肉；技术一般的厨工每月换一把刀，是因为他们用刀子去砍骨头；现在臣下的这把刀已用了 19 年了，宰牛数千头，而刀口却像刚从磨刀石上磨出来的一样。"

无非是一句话：熟能生巧，从必然王国到自由王国。

从庄子笔下流出的文章，就是这么生动摇曳：充满想象力，文笔变化多端，具有浓厚的浪漫主义色彩，并采用寓言故事形式，富有幽默讽刺的意味，对后世文学语言有很大影响。"意出尘外，怪生笔端"，庄子那汪洋恣肆的笔法、行云流水的论述、水银泻地的想象、混沌迷离的寓言，不知让多少文人墨客为之倾倒。非凡的文采，使庄子非凡的思想魅力永在。

六、书生偏作天下谋

在秦末的"楚汉之争"中，有两位各为其主的书生"一时瑜亮"，进行了好一番政治思想和军事谋略的较量。他们一位是范增，一位是张良，都是安徽人。

范增（前278—前204），居巢（今安徽巢湖）人，平时在家，好出奇计。陈胜大泽乡起义时，他年届70。不久，项梁率会稽子弟兵渡江而西，成为反秦斗争的主力，范增前往投奔，希望在有生之年把自己的智慧贡献给反秦事业。

范增和项梁相会于薛地。当时陈胜已被杀害，张楚大旗已倒，反秦斗争陷入低潮，项梁、刘邦等义军首领正相会于薛地，商议挽救时局的方针和策略。范增的到来适逢其时。

范增见到项梁等将领，首先分析了陈胜所以失败的原因。他认为，秦灭六国，楚人的仇恨最深，人们至今还怀念被秦人冤死的楚怀王，因而"楚虽三户，亡秦必楚"的预言是有道理的。而陈胜失败的原因就是因为不立楚王之后而自立，不能充分利用楚国反秦的力量，导致其势不长。接着范增论证和提出了反秦的策略，他认为项梁渡江以来，楚地将领纷纷前来依附，就是因为项氏世代为楚将，人们以为他能复立楚国社稷。他建议应该顺从民众愿望，扶立楚王的后裔。项梁等人接受了范增的提议，找到了在民间替人放羊的楚怀王熊槐的孙子熊心，复立为楚怀王，草创了楚国政权。

在项梁阵亡后，范增跟随项羽，成为他的重要谋士，后来封为历阳侯，项羽尊称他为"亚父"。

范 增

　　秦朝末年，刘邦先入函谷关，想据守关中称王，项羽破关而入，与刘邦在鸿门（今陕西临潼东）相会，开始了历史上著名的"楚汉之争"。在刀光剑影、杀气腾腾的鸿门宴上，"好用奇计"的范增，定下暗杀之计，要把项羽的敌手刘邦杀掉，以绝后患。在举杯祝酒声中，范增多次向项羽递眼色，并接连三次举起他佩戴的玉玦，暗示项羽。可是项羽讲义气，不忍心下毒手。此刻范增非常着急，连忙抽身离席把项羽的堂弟项庄找来，面授机宜，要他到宴会上去敬酒，并以舞剑助乐为名，趁机刺杀刘邦。由于项羽的叔父项伯和刘邦的部下猛将樊哙的阻拦、救护，刘邦才得以脱身逃走，保全性命。"鸿

39

门宴"暗杀阴谋未遂，范增勃然大怒，拔出所佩宝剑，劈碎刘邦赠给他的一双玉斗（玉制的酒器），明斥项庄暗骂项羽："竖子不足与谋，夺项王天下者，必沛公也。"公元前204年初，楚军数次切断汉军粮道，刘邦被困荥阳，只得向项羽求和。项羽欲同意，范增说："汉易与耳，今释弗取，后必悔之。"于是项羽与范增急攻荥阳。刘邦手下谋士陈平施离间计，令项羽以为范增勾结汉军，从而削其兵权，范增大怒而告老回乡，项羽同意了。范增临行前对项羽说："天下事大定矣，君王自为之，愿赐骸骨归卒伍。"未至彭城（今江苏徐州市），就因背疽发作而死在路上。

范增死后两年，项羽的军队被刘邦、韩信、彭越的联军击败，退至垓下（今安徽灵璧南）。不久，项羽逃到和县，在乌江边自刎而死。刘邦以"楚汉战争"的胜利者姿态登上了皇帝宝座，建立了中国历史上强大的汉朝。刘邦总结项羽失败的教训说："项羽有一范增而不能用，此其所以为我擒也。"

与范增的悲剧命运相比，张良的幸运在于遇到了一位"明主"，而这也是古代知识精英最大的心愿之一。

张良（？—前186？）字子房，今安徽亳州人，著名军事家、政治家，汉高祖刘邦的重要谋士。刘邦曾赞其"夫运筹策帷帐之中，决胜于千里外，子房功也"。这一名句，也随着张良的机智谋划、文韬武略而流传百世。汉朝建立时封张良为留侯，后功成身退，千古流芳。

张良的祖父、父亲等先辈在韩国的首都阳翟任过五代韩王之相。秦国灭亡了韩国，张良图谋恢复韩国，从事抗暴活动，结交刺客，在博浪沙（今河南原阳东南）狙击秦始皇，误中副车，未成。后更姓换名，亡匿下邳（今江苏睢宁北），遇黄石公，得《太公兵法》，深明韬略，足智多谋。

此时，各地反秦武装风起云涌。矢志抗秦的张良也聚集了100多人，扯起了反秦的大旗。后因自感身单势孤，难以立足，只好率众往投景驹（自立为楚假王的农民军领袖），途中正好遇上刘邦率领义军在下邳一带发展势力。两人一见倾心，张良多次以《太公兵法》进说刘邦，刘邦多能领悟，并常常采纳张良的谋略。于是，张良果断地改变了投奔景驹的主意，决定跟从刘邦。张良"转舵"明主，反映了他在纷繁复杂的形势中清醒的头脑和独到的眼光。

秦二世二年（前208）年底，楚怀王命刘邦、项羽分兵伐秦，并约定：

谁先入关进咸阳，谁便可以立而为王。刘邦取道颍川、南阳，打算从武关进入关中。一路有张良等谋士出谋划策，算是比较顺利，几个月后就率军抵达峣关（今陕西商州西北）。峣关是古代南阳与关中的交通要隘，易守难攻，也是拱卫咸阳的最后一道关隘，秦有重兵扼守此地。刘邦赶到关前，想要亲率所部两万余众，强行攻取。张良适时地向刘邦献了一个智取的妙计。他说："我听说峣关的守将是个屠夫的儿子，这种市侩小人，只要用点财币就可以打动他的心了。您可以派先遣部队，预备5万人的粮饷，并在四周山上增设大量军队的旗号，虚张声势，作为疑兵。然后再派郦食其多带珍宝财物去劝诱秦将，事情就可能成功了。"刘邦依计而行，峣关守将果然献关投降，并表示愿意和刘邦联合进攻咸阳。刘邦大喜，张良却认为不可。他冷静地分析道："这只不过是峣关的守将想叛秦，他部下的士卒未必服从。如果士卒不从，后果将不堪设想。不如乘秦兵懈怠之机消灭他们。"于是，刘邦率兵向峣关突然发起攻击，结果秦军大败，弃关退守蓝田（今陕西蓝田县西）。刘邦乘胜追击，引兵绕过峣关，穿越蒉山，大败秦军于蓝田。然后，大军继续西进，直抵霸上（今西安市东）。这时，秦二世已被赵高杀死，仅仅做了46天秦王的子婴眼见义军兵临城下，大势已去，只好以绳系颈，乘素车白马，捧着御玺符节，开城出降。至此，雄霸四方、威震海内的大秦帝国灭亡了。

刘邦从奉楚怀王之命西进，到进入关中，迫使子婴投降，历时仅一年，由于他采纳了张良的计谋，保证了军事上的顺利进展，从而赢得了时间，终于比项羽抢先一步进入关中。

刘邦大军进入咸阳，看到那豪华的宫殿、美貌的宫女和大量的珍宝异物，包括刘邦在内的许多人忘乎所以，想留居宫中，安享富贵。部下的一些贤达志士对此心急如焚。在这关键时刻，张良向刘邦分析利害，劝道："秦王多做不义的事，所以您才能推翻他而进入咸阳。既然您已经为天下人铲除了祸害，就应该布衣素食，以示节俭。现在大军刚入秦地，您就沉溺在享乐中，这就是所谓助桀为虐了。"张良语气平和，但软中有硬，这种紧打慢唱的手法，果然奏效。刘邦愉快地接受了这卓有远见的规劝，下令封存秦朝宫室、府库、财物，还军霸上整治军队，以待项羽等路起义军。在此期间，刘邦还采纳张良建议，召集诸县父老豪杰，与之约法三章："杀人者死，伤人及盗抵罪。"

并通告四方:"馀悉除去秦法。诸吏人皆案堵如故。凡吾所以来,为父老除害,非有所侵暴,无恐。"另外,还派人与秦吏一起巡行各地,晓谕此意。结果,博得了秦民的一致拥戴,争先恐后用牛羊酒食慰劳军士。刘邦见状,又命令军士不要接受,传出话去:"军中粮食充足,不要劳民破费了。"秦地百姓听罢此言,越发高兴,唯恐刘邦不为秦地之王。

刘邦采纳张良的建议,采取的这一系列安民措施,赢得了民心,为他日后经营关中,并以此为根据地与项羽争雄天下,奠定了良好的政治基础。

公元前206年二月,项羽率诸侯兵抵达函谷关(今河南灵宝东北)。刘邦命令守军紧闭关门,阻止诸侯兵进关。项羽得知刘邦已攻下咸阳,十分恼怒,正赶上刘邦部下曹无伤密告项羽,说:"沛公要在关中称王。"项羽立即命令英布督军强攻。同年十二月,项羽大军攻破函谷关,进驻新丰、鸿门(今陕西临潼东北),要与刘邦决一死战。

此时的形势是项强刘弱,刘邦知道不能"硬顶"项羽,故亲赴鸿门,已势在必行。然而知此去如虎口做客,危机四伏,但又不能不去,刘邦真是前后为难。张良知己知彼,精辟地向刘邦分析了项羽其人,决心深入虎穴,谨慎而灵活地保护刘邦的安全。先前,他已疏通了项羽的叔父项伯,使项伯站到了同情刘邦的这一边。席间,他以其大智大勇,既巧妙地帮助刘邦安全脱离虎口,又使项羽集团内部埋下了君臣相隙的祸根。

公元前206年正月,项羽自立为西楚霸王,他"计功割地",分封了18位诸侯王。并违背楚怀王"谁先攻入关中,谁就做关中王"的约定,把刘邦分封到偏僻荒凉的巴蜀,称为汉王。刘邦心中十分怨恨,想率兵攻击项羽,后经萧何、张良一再劝阻,这才决定暂且隐忍不发。张良把刘邦赏赐自己的金银珠宝悉数转赠给项伯,使他再为汉王请求加封汉中地区。项伯见利忘义,立即前去说服项羽。这样,刘邦建都南郑(今陕西南郑县东北),占据了秦岭以南巴、蜀、汉中三郡之地。同年七月,张良护送刘邦到褒中(今陕西褒城)。此处群山环抱,沿途都是悬崖峭壁,只有栈道凌空高架,以度行人,别无他途。张良观察地势,建议刘邦待汉军过后,全部烧毁入蜀的栈道,表示无东顾之意,以消除项羽的猜忌,同时也可防备他人的袭击。这样,就可以乘机养精蓄锐,等待时机,再展宏图了。刘邦依计而行,烧掉了沿途的栈道。

张良此计，可谓用心良苦，它为刘邦的巩固发展和日后东进，取得了重要的保证。刘邦入汉中后，励精图治，积极休整。同年八月，刘邦用大将韩信之谋，避开雍王章邯的正面防御，乘机从故道"暗度陈仓"，从侧面出其不意地打败了雍王章邯、塞王司马欣和翟王董翳，一举平定三秦，夺取了关中宝地。略定三秦，刘邦倚据富饶、形胜的关中地区，便可以与项羽逐鹿天下了。

项羽闻知刘邦平定三秦，怒不可遏，决定率兵反击。张良早已料到这一点，于是寄书蒙蔽项羽，声称："汉王名不符实，欲得关中；如约既止，不敢再东进。"同时，张良还把齐王田荣谋叛之事转告项羽，说是"齐国欲与赵联兵灭楚，大敌当前，灭顶之灾，不可不防啊"，意在将楚军的注意力引向东部。项羽果然中计，竟然无意西顾，转而北击三齐诸地。张良的信从侧面加强了"明烧栈道"的效果，把项羽的注意力引向东方，从而放松了对关中的防范，为刘邦赢得了宝贵的休养生息的时间。

公元前205年四月，刘邦乘项羽集中力量攻打田荣之机，率兵伐楚。直捣楚都彭城。攻占彭城后，刘邦被这轻而易举得到的胜利冲昏了头脑，不但没有采取恰当的措施安抚人心，反而恶习复发，得意忘形之余大肆收集财宝、美女，整日置酒宴会，结果给项羽回军解救赢得了时机。项羽闻知彭城失陷，立即亲率3万精兵，从小路火速赶回，急救彭城。刘邦数十万乌合之师难以协调指挥，连粮饷都筹备不齐，所以一经接战，便遭惨败，几乎全军覆没。至此，许多诸侯王又望风转舵，纷纷背汉向楚，刘邦丢下老父、妻子、儿女，只带张良等数十骑狼狈逃回。他惊魂未定，沮丧地对群臣说："关东地区我不要了，谁能立功破楚，我就把关东平分给他。你们看谁行？"在此兵败危亡之际，又是张良匠心独运，为刘邦想出了一个利用矛盾、联兵破楚的策略。他说："九江王英布，是楚国的猛将，与项羽有隙；彭城之战，项羽令其相助，他却按兵不动。项羽对他颇为怨恨，多次派使者责之以罪；彭越因项羽分封诸侯时，没有受封，早对项羽怀有不满，而且田荣反楚时曾联络彭越造反，为此项羽曾令肖公角攻伐他，结果未成。这二人可以利用。另外，汉王手下的将领，只有韩信可以委托大事，独当一面。大王如果能用好这三个人，那么楚可破也。"这就是著名的"下邑之谋"。

"下邑之谋"虽然不是全面的战略计划，但它构成了刘邦关于楚汉战场计划的重要内容。正是在张良的谋划下，一个内外联合共击项羽的军事联盟终于形成，扭转了楚汉战争的局势，使刘邦由战略防御转为战略进攻。事实证明了张良"下邑之谋"的深谋远虑，最后兵围垓下打败项羽，主要依靠的正是这三支军事力量。

公元前204年冬，楚军兵围汉王于荥阳，双方久战不决。楚军竭力截断汉军的粮食补给和军援通道。汉军粮草匮乏，渐渐难撑危机。汉王刘邦大为焦急，询问群臣有何良策。谋士郦食其献计道："昔日商汤伐夏桀，封其后于杞；武王伐纣，封其后于宋。秦王失德弃义，侵伐诸侯，灭其社稷，使之无立锥之地。陛下诚能复立六国之后，六国君臣、百姓必皆感戴陛下之德，莫不乡风慕义，愿为臣妾。德义已行，陛下便能南向称霸，楚人只得敛衽而朝。"这其实是一种"饮鸩止渴"的夸夸其谈，当时刘邦并没有看到它的危害性，反而拍手称赞，速命人刻制印玺，使郦食其巡行各地分封。在这关键时候，张良外出归来，拜见刘邦。刘邦一边吃饭，一边把实行分封的主张说与张良。张良听罢，赶紧劝阻，他伸手拿起酒桌上的一双筷子，连比带划地讲了起来。他说："第一，往昔商汤、周武王伐夏桀殷纣后封其后代，是基于完全可以控制、必要时还可以置其于死地的考虑，然而如今陛下能控制项羽并于必要时致其死地吗？第二，昔日周武王克殷后，表商容之间（巷门），封比干之墓，释箕子之囚，是意在奖掖鞭策本朝臣民。现今汉王所需的是旌忠尊贤的时候吗？第三，武王散钱发粟是用敌国之积蓄，现汉王军需无着，哪里还有能力救济饥贫呢？第四，武王翦灭殷商之后，把兵车改为乘车，倒置兵器以示不用，今陛下鏖战正急，怎能效法呢？第五，过去，马放南山阳坡，牛息桃林荫下，是因为天下已转入升平年代。现今激战不休，怎能偃武修文呢？第六，如果把土地都分封给六国后人，则将士谋臣各归其主，无人随汉王争夺天下。第七，楚军强大，六国软弱必然屈服，怎么能向陛下称臣呢？"

张良的分析，真是字字珠玑，切中要害。他看到古今时移势异，因而得出绝不能照抄照搬"古圣先贤"之法的结论。尤其重要的是，张良认为封土赐爵是一种很有吸引力的奖掖手段，赏赐给战争中的有功之臣，用以鼓励天下将士追随汉王，使分封成为一种维系将士之心的重要措施。如果反其道而行之，还靠什么激励将士从而取得胜利呢？张良鞭辟入里的分析，使刘邦茅塞顿开，他立即下令销毁已经刻制完成的六国印玺，从而避免了一次重大战略错误，为日后汉王朝的统一减少了不少麻烦和阻力。不能不承认，张良是一位洞察秋毫的谋略家和富有远见的政治家。1700 年之后，明人李贽还情不自禁地将张良此番话赞叹为"快论"。

公元前 203 年，汉对楚已逐渐形成合围之势：韩信据齐地不断袭击楚军，彭越又屡次从梁地出兵，断绝楚军的粮道。楚军兵疲粮竭，项羽无奈，终于送回了扣押的刘邦的父亲与妻子儿女，与刘邦讲和。双方商定，以鸿沟为界，中分天下，东归楚，西归汉，立约解甲归国，各不相犯。项羽如约拔营东归，向彭城而去。刘邦也欲引兵西归汉中。在这重大的历史转折之际，张良以一个政治谋略家的深邃眼光，看出了项羽腹背受敌、捉襟见肘的处境，便与陈平同谏汉王道："如今汉据天下三分有二，此时正是灭楚的有利时机，宜猛追穷寇，毕其功于此举。否则放楚东归，如放虎归山，必将遗患无穷。"刘邦采纳了张良的意见，亲率大军追击项羽，并令韩信、彭越合围项羽。刘邦率大军追击楚军至固陵（今河南太康），却迟迟没有等来韩信、彭越所率的援兵，结果惨遭失败。刘邦躲在固陵的壁垒中，不胜焦躁，便问身边的张良："他们为什么没有如期前来？"此时，张良对韩、彭的心思早已了然于心，对应之策也已思虑成熟，见刘邦询问，忙答道："楚兵即将灭亡，韩信、彭越虽已受封为王，却没有确定的疆界。二人此次不来赴约，原因正在于此。陛下若能与之共分天下，当可立招二将。否则最终成败，尚不可知。"刘邦一心要解燃眉之急，便依张良计，把陈地以东至沿海的地盘划封给齐王韩信，把睢阳以北至谷城的地盘划封给梁王彭越。两个月后，韩、彭果然派兵来援。就这样，汉军各路兵马陆续会集垓下（今安徽灵璧县沱河北岸），一举打败项羽，迫其别姬、自刎。至此，长达四年之久的楚汉战争，以刘邦的彻底胜利而告终。

称帝之初的汉高祖刘邦本想长期定都洛阳，群臣也多持此见。一天，齐人娄敬求见刘邦，陈说关中的地势险要，劝刘邦定都关中。刘邦一时拿不定主意，独有张良支持娄敬的主张。他说："洛阳虽有天然的险要，但它的腹地太小，方圆不过数百里；田地贫瘠，而且容易四面受敌，非用武治国之都；关中则左有殽函之险，右有陇蜀丛山之溢，土地肥美，沃野千里；加上南面有巴蜀的富饶农产，北有可牧放牛马的大草原。既有北、西、南三面的险要可以固守，又可向东方控制诸侯。诸侯安定，则黄河、渭水可以开通漕运，运输天下的粮食，供给京师所需。如果诸侯有变，就可顺流东下以运送粮草，足以维持出征队伍的补给。这正是所谓金城千里，天府之国啊！还是娄敬的主张正确。"张良的分析全面而深刻，加之素负重望，又深得刘邦信赖，因而汉高祖当即决定定都关中。公元前202年八月，刘邦正式迁都长安（今陕西西安市西北）。

张 良

公元前201年正月，刘邦大封包括张良在内的20多位功臣，其余未被受封的人则议论纷纷，争功不休。一天，刘邦在洛阳南宫，从阁道上看见诸将三三两两地坐在沙土上窃窃私语，就询问张良他们在谈论什么事。张良故意危言耸听地说："他们在商议谋反！"刘邦大吃一惊，忙问："天下初定，他们何故又要谋反？"张良答道："您起自布衣百姓，是利用这些人才争得了天下。

现在您做了天子，可是受封的都是您平时喜爱的人，而诛杀的都是平时您所仇怨的人。这些人怕您不能封赏他们，又怕您追究他们平常的过失，最后会被杀，因此聚在一起商量造反！"刘邦忙问："那该怎么办？"张良问道；"您平时最恨的，且为群臣共知的人是谁？"刘邦答道："那就是雍齿了。"张良说："那您赶紧先封赏雍齿。群臣见雍齿都被封赏了，自然就会安心了。"于是，刘邦摆设酒席，欢宴群臣，并当场封雍齿为什方侯，还催促丞相、御史们赶快定功行封。群臣见状，皆大欢喜，各自心安。张良此举，不仅纠正了刘邦任人唯亲、徇私行赏的弊端，而且也避免了一场可能发生的动乱。他这种安一仇而坚众心的权术，常常为后世政客们如法炮制。

张良素来体弱多病，自从汉高祖入都关中、天下初定后，他便托词多病，闭门不出。随着刘邦皇位的渐渐稳固，张良逐步从"帝者师"退居"帝者宾"的地位，遵循着可有可无、时进时止的处事原则。在汉初刘邦剪灭异姓王的残酷斗争中，张良极少参与谋划。在西汉皇室的明争暗斗中，张良也恪守"疏不间亲"的遗训。当时刘邦宠爱戚夫人，并察知吕后有代刘而王的异心，故欲废太子孝惠（吕后子），改立赵王如意（戚夫人子）为国储。吕后遂求救于"智囊"张良。张良考虑到太子之位，事关重要，不可轻易更立，再加上当时天下方定，汉朝统治根基还未稳固，只有顺其现状，无为而治，才能稳保江山。基于这个大局，张良遂对吕后说道：口舌难保太子，"商山四皓"（皓：白，即四个白头发的老人，分别是东园公、角里先生、绮里季和夏黄公）皆八十余，节义清高，不就汉朝爵位，匿亡山林，皇上敦聘不至。太子若卑辞固请"四皓"出山，出入宫廷以"四皓"相随，皇上必问而知之，知之则太子位可固。事果如张良言，刘邦问知伴随太子的"四皓"就是自己数请不来的隐士，今为太子左右，可见太子羽翼已丰，翅膀亦硬，奈何不得，从此再也不提易立太子一事了。

看到汉朝政权日益巩固，自己"为韩报仇强秦"的政治目的和"封万户、位列侯"的个人目标亦已达到，一生的夙愿基本满足。再加上身缠病魔，体弱多疾，又目睹彭越、韩信等有功之臣的悲惨结局，张良乃自请告退，摒弃人间万事，专心修道养精，崇信黄老之学，静居行气，欲轻身成仙。但吕后感德张良，劝他毋自苦，张良最后还是没有听从吕后的劝告，仍拒食服人间烟火。其卒年说法不一,《史记》记为高后二年（前186）,《汉书》记为惠帝六年（前189）。

封建政治离不开权谋,所以中国古代盛产权谋思想家,张良可谓其中的翘楚。甚至可以说,有许多经典的策略、思路、逻辑乃至手法,都是发端于张良的。加之受"成者为王败者为寇"思想的影响,张良作为"谋神",似乎比诸葛亮、周瑜更为"拉风"。后世对这位权谋思想家评价很高,刘邵说:"思通道化,策谋奇妙,是谓术家,范蠡、张良是也。"

七、淮南一书真奇崛

老子说过一句很有名的话："祸兮福之所倚，福兮祸之所伏。"这句话被后来的人常常引用，意思是说：祸是福产生的前提，而福又含有祸的因素，它们并不是永恒不变的；在一定的条件下，福就会变成祸，祸也能变成福。

汉朝有一部叫《淮南子》的书，这部书的内容很多是根据老子的思想写成的。其中有一个"塞翁失马"的故事，很生动地说明了"祸兮福之所倚，福兮祸之所伏"的道理。故事是这样的：

从前有一个人，住在距离塞上不远的地方。有一天，他养的一匹马忽然逃到塞外去了。邻人们都替他惋惜，他的父亲却说："怎知道这不会成为一件好事呢？"

过了几个月，那匹马又跑回来了，并且带来了一匹匈奴的骏马。邻人们又都来庆贺，他的父亲说："怎知道这不会变成一件坏事呢？"

家里有好马，他又是一个喜欢骑马的人，结果堕马跌折了脚骨。邻人们都来慰问，他的父亲却说："怎知道这又不会成为一件好事呢？"

过了一年，匈奴兵大举入侵，附近的青壮年大都被征去当兵，在战争中牺牲了。他却因为跛脚未能出征，和父亲一起保全了性命。

这就是后来人们常常说的"塞翁失马，焉知非福"这一成语的由来。

这个故事里所说的好事和坏事，都是从个人和家庭狭隘利益的角度来衡量的。但是，它反映了古代思想家从实际生活的经验中，已经认识到好事和坏事可以互相转化的辩证法原理，没有把对立物的双方看作死的、凝固的东

49

西，而是看作生动的、可以变动的东西。

《淮南子》又名《淮南鸿烈》，是西汉时期的淮南王刘安招致宾客，在他主持下编写而成的。

刘安（前179—前122），西汉皇族，淮南王。汉高祖刘邦之孙，淮南厉王刘长之子，史称"博学善文辞，好鼓琴，才思敏捷，潜心治国安邦，著书立说"。刘安爱贤若渴，礼贤下士，淮南国都寿春成了当时文人荟萃的文化中心。刘安和众门客著成《淮南子》，有《内篇》21篇、《外篇》33篇、《道训》2篇，20余万字。内容涉及政治学、哲学、伦理学、史学、文学、经济学，以及物理、化学、天文、地理、农业水利、医学养生等领域，包罗万象。

《淮南子》以道家思想为主，糅合了儒、法、阴阳等家，融会贯通而成。《淮南子》在阐明哲理时，旁涉奇物异类、鬼神灵怪，保存了一部分神话材

刘 安

料，像"女娲补天""后羿射日""共工怒触不周山""精卫填海"等古代神话，主要靠该书得以流传。其中共工、精卫的身上，很鲜明地反映出一种"知其不可为而为之"的精神，恰好与老子的"无为"思想相映成趣。

刘安有一颗孜孜求索的心。他是世界上最早尝试热气球升空的实践者，他将鸡蛋去汁，以燃烧取热气，使蛋壳浮升。刘安也是我国豆腐的创始人，因为爱好黄白之术，他召集道士、儒士、郎中以及江湖方术之士炼丹制药，最著名的有苏非、李尚、田由、雷被、伍被、晋昌、毛被、左吴等人，号称"八公"，在寿春北山筑炉炼丹，偶成豆腐。刘安因之被尊为豆腐鼻祖，八公山也因此而得名。

刘安的治国思想是"无为而治"，他对道家思想加以改进，不循先法，不守旧章，遵循自然规律制定了一系列轻刑薄赋、鼓励生产的政策，善用人才，体恤百姓，使淮南国出现了国泰民安的景象。尽管刘安的治国政策得到百姓的拥护，可是在那独尊儒术的时代，他所奉行的道家思想，屡遭谗言。汉武帝元狩初年（前122），武帝以刘安"阴结宾客，拊循百姓，为叛逆事"等罪名派兵入淮南，刘安被迫自杀。

《淮南子》一书延续了老庄那瑰丽而博大的中国特色宇宙观，并引入了神话因子：

> 天地未形，冯冯翼翼，洞洞，故曰太昭。道始于虚廓，虚廓生宇宙，宇宙生气。气有涯垠，清阳者薄靡而为天，重浊者凝滞而为地。清妙之合专易，重浊之凝竭难，故天先成而地后定。天地之袭精为阴阳，阴阳之专精为四时，四时之散精为万物。积阳之热气生火，火气之精者为日；积阴之寒气为水，水气之精者为月。日月之淫为精者为星辰。天受日月星辰，地受水潦尘埃。昔者共工与颛顼争为帝，怒而触不周之山，天柱折，地维绝。天倾西北，故日月星辰移焉；地不满东南，故水潦尘埃归焉。

《淮南子·天文训》中的这一段文字，可以看作中国人所构想的"创世纪"。用白话文翻译过来就是：在还没有天地的时候，宇宙一片混混沌沌的状态，没有一定的形体也没有一定的景象，因此叫作太昭。清虚空廓是道原始的状态，清虚空廓后来又生成宇宙，宇宙生出元气。这种元气是有一定的界限的，其中清明部分往上升腾就形成天，重浊部分凝结下沉就形成地。清明部分的气容易汇聚到一起，重浊部分的气很难融合在一起，所以最先形成的是天，地是后来才形成的。天和地的精气相融合在一起，于是孕育出阴阳二气，阴阳二气的精华融合在一起孕育了春秋冬夏四季，四季的精气消散之后产生万物。阳气积聚在一起，其中的热气便产生了火，太阳于是就由火气的精华部分产生；阴气积聚在一起，其中的寒气便形成了水，月亮正是由水汽的精华部分产生的。太阳、月亮的精华之气散逸出去，于是星辰便产生了。日月星辰悬挂于天空之上，水潦尘埃存在于大地上。以前共工和颛顼争夺天下的帝位，共工盛怒之下头撞不周山，把擎天的柱子撞断了，系地的绳子也被扯断了。天倾斜于西北方，所以日月星辰也都倒向西北方向了；地陷塌偏东南方，所以水流尘土都向东南方向奔流了。

　　从思想流派上看，《淮南子》是个大杂烩，但其中道家色彩最为突出。在关于宇宙形成的描述上，《淮南子》将"气"的概念进一步发展，有其唯物主义的成分，同时加入了许多神话因子。但从认识论的角度说，神话也不是从天而降的，它同样来源于先民的经验，百分之七十是先民对于客观现象的描述，百分之三十才是诗情画意的想象——说神话就是先民的科学，似乎也无不妥。

刘安与宾客

《淮南子》里面还留存了许多关于远古的神话传说，这本身就是对于中华文明的一大贡献。

天和地究竟是什么模样？不同时期和不同民族的人，曾经有过许多奇特的想象。古代巴比伦人认为大地像一个巨大的圆屋顶，或者是个从无底深渊中升起的空心山；古代希腊人则认为大地像一块圆盾，圆盾的四面都是大海；古代印度人认为，有三头站在巨大的乌龟背上的大象，驮着大地这块圆盾；古代埃及人设想大地是一个斜躺着的神，他的躯体上长满着植物，天是一个弯着腰的女神，太阳神每天乘船航过天空。

关于天和地，《淮南子》如是说：

天道曰圆，地道曰方；方者主幽，圆者主明。明者吐气者也，是故火曰外景；幽者含气者也，是故水曰内景。吐气者施，含气者化，是故阳施阴化。天之偏气，怒者为风；地之含气，和者为雨。阴阳相薄，感而为雷，激而为霆，乱而为雾。阳气胜则散而为雨露，阴气胜则凝而为霜雪。

翻译成白话文则是：天的本性是圆的，地的本性是方的；方的地主宰幽暗，圆的天主宰光明。光明的天释放出来的是阳气，所以火和日的光芒就照射在外；幽暗的地包含的是阴气，所以水和月就把光泽深藏在内。吐散阳气的是主管施与的，蕴涵阴气的是主管孕育的，所以阴阳二气分别主管孕育和施与。阴阳二气的不正之气就形成怒气，风便是由怒气产生的；阴阳二气相互交汇，便形成雨。阴阳二气相迫近，得到感应就生成了雷，激烈动荡就生成闪电，散开便成浓雾。如果阳气处于强势，雾就飘散成了露水，如果阴气处于优势，雾就凝聚在一起成了霜雪。

与古巴比伦、古希腊、古印度、古埃及这些文明古国的人们的臆想相比，"天圆地方"这四个中国字，显得多么简洁又多么切实！而在《淮南子》明确提出这一主张之后不久，东汉科学家张衡就又进了一步，提出了"浑天说"，指出地球是一个巨大的球体，他的实际观测成果更是在当时的世界上处于领先地位。

除了"天圆地方"，《淮南子》中还有这样一段妙文：

四时者，天之吏也；日月者，天之使也；星辰者，天之期也；虹霓彗星者，天之忌也。

译成白话文则是：四季是上天的使者，日月担任天的使节，星辰是上天会合的场所，虹霓彗星的出现是因为上天想表达一定的禁忌。

瞧，就连关于四季、昼夜等的科学描述，也流淌着无穷的诗意，活动着或可敬或可亲的人物，怎么能不让人叹为观止！

在政治思想上，《淮南子》与老庄一脉相承，指出："为治之本，务在于安民。"不要扰民，就是最大的德政。中国老百姓的要求一直不高，但这样的低要求，却始终并不那么容易实现。以西汉为例，淮南王刘安和汉武帝刘彻，几乎就是两个极端。前者搞搞学术，学学神仙，做做豆腐，一派道家景象，但后来却掉进了政治陷阱，被扣上了"谋反"的帽子而死于非命；后者则反复驱使民力，因为这一次又一次的"奋发有为"而成为一代明君的典范！

实际上，汉武帝的爷爷、在位23年的汉文帝刘恒，才是真正有民本理念的大汉天子。刘恒在位期间，是汉朝从国家初定走向繁荣昌盛的过渡时期。他继续执行与民休息和轻徭薄赋的政策，并且在高祖的基础上，进一步废除了肉刑和诽谤妖言罪等一些严刑苛法，他实行平狱缓刑、约法省禁的政策，带头执行法制判决；他知人善任，虚心纳谏，提拔重用了贾谊、晁错、张释之、周亚夫等人才，开创了文景盛世的繁荣局面；他节俭敦朴，严于律己，是帝王中做得比较好的；他反对厚葬，其陵修在长安附近灞水的旁边，称作灞陵，修筑时顺着山陵形势挖掘洞穴，不再加高，陪葬品全用陶器，不准用金银等贵重金属；他还主张死后把夫人以下的宫女遣送回家，让她们改嫁。公元前157年，刘恒病死于长安未央宫。

除了恢宏的宇宙观、丰富的科技内容外，《淮南子》中还有不少流传千古的格言警句，闪烁着绚丽的思想火花。这里仅举三例：

"圣人不贵尺之璧，而重寸之阴。"这句话堪称中国式惜时思想的源头。后来的汉乐府《长歌行》便有这样的诗句："百川东到海，何时复西归？少壮不努力，老大徒伤悲。"晋朝陶渊明也有惜时诗："盛年不重来，一日难再晨，及时当勉励，岁月不待人。"唐末王贞白《白鹿洞》诗中更有"一寸光阴一寸金"的妙喻。

"言而有信，期而必当，天下之高行也。"这句话则体现了中国式诚信思想，意思是说出话来就一定守信用，与人相约必当其时，这是天下高尚的德行。

"兰生幽谷，不为莫服而不芳；舟在江海，不为莫乘而不为；君子行义，不为莫知而止休。"这句话是说，君子行仁义之事是出于自己的本性，而不是为了求名。

其实，像《淮南子》这样的书，不正像一株幽谷的兰草吗？静静地生长在偏僻的地方，并不在意有多少人前来观赏，而一旦你走近它，就会感到那低调而持久的清香。

八、身居高位不信"邪"

在中国思想史上，有许多惊心动魄的时刻，生死有时只在一瞬间。

西汉末年至东汉初年，那是一个谶纬广泛流行的时代。谶纬，又叫图谶，是一种用诡秘的隐语来预决凶吉的古代宗教预言。东汉开国皇帝刘秀就对此深信不疑，他不仅养了一大批整日算命占卜的巫师，而且还大兴土木，修建占卜的场所。有一次，他想在京城附近建造一座"灵台"，用来观察天象的变化，以预测凶吉。究竟建在哪儿呢？他犹豫不决，于是特意召见群臣，商议是否用谶纬来决定地址。

正在众臣热烈讨论的时候，刘秀把眼光转向给事中桓谭。

年过八旬的桓谭，早以反对谶纬著称。他曾多次向刘秀上书，指出谶纬是没有任何事实依据的骗人把戏，希望皇上能够疏远那些巫师和方士。可是刘秀一点也听不进桓谭的话，仍然乐此不疲。

"爱卿，你对朕用谶有什么看法呀？"刘秀傲慢地问。

"恕臣直言，我从不读谶。"桓谭冷冷地说。

"那么，朕用谶你究竟是赞成还是反对？"

"陛下，您这是在明知故问。朝野上下谁不知道，我桓谭一向反对用谶，如果陛下愿意听我的理由，我可以再度详加陈述。"

"放肆！"早就憋了一肚子火的刘秀忍不住了，"你这是非圣上无国法。来人啦，将这个老家伙给我推出去斩了！"

　　大殿里的气氛顿时凝固了。桓谭在朝廷德高望重，深受众臣爱戴，几位上了年纪的大臣见状，忙下跪向刘秀求情。刘秀念桓谭是位老功臣，便免了他的死罪，但还是将他逐出朝廷，贬到外地任郡丞。年迈的桓谭受不了这样的打击，几天后，就病死在赴任的途中。

　　桓谭（前23—50），东汉哲学家、经学家、琴家，字君山，沛国相（今安徽濉溪县西北）人。爱好音律，善鼓琴，博学多通，遍习五经，极具个性，对当时的俗儒从来就不放在眼里。

　　西汉末年，桓谭就已入仕，但官位不高，不过当个郎官而已。他与傅晏相善。傅晏是傅皇后之父，起先颇为得势，稍后董昭仪受皇帝宠幸，其兄董贤因裙带关系而用权，傅皇后日益被疏远，傅晏因失势而闷闷不乐。桓谭告诫他要防宫廷之变，注意董贤的动向，要收敛、谦退，以避祸殃。傅晏接受了桓谭的意见，才免遭董贤之害，"故傅氏终全于哀帝之时"。

　　董贤当上了大司马，闻桓谭之名，要与他结交。桓谭是正派人物，先奉书劝告他"以辅国保身之术"，未被接受，就不与他往来。王莽掌握大权时，天下之士大多数对王莽吹牛拍马，阿谀奉承，以求升迁。桓谭则不然，"独自守，默然无言"，故他这时仅为掌乐大夫。农民大起义时，桓谭参与了活动，

桓　谭

被更始政权召任为太中大夫。刘秀当上皇帝（光武帝）之后，桓谭被征召待诏，上书言事"失旨"，即不符合光武帝的要求，未被任用。后来大司空宋弘推荐了他，任为议郎、给事中。他呈上《陈时政疏》，论说时政，但没有受到光武帝的重视。

桓谭的思想主要包括三个方面的内容。

一是任用贤人。他说："国之废兴，在于政事；政事得失，由于辅佐。"故须任用贤能，争取"政调于时"。他在自己的代表著作《新论》里写道："治国者，辅佐之本。其任用咸得大才，大才乃主之股肱羽翮也。"意思是，皇帝的辅佐，乃治国之本；国家用了大才，犹如长了翅膀，就可以腾飞。他认为贤才有"五品"，最高级的是"才高卓绝于众，多筹大略，能图世建功者，天下之士也"。就是说，大贤的主要特点是能为国家出谋筹略，建功立业。他指出，自古以来在用人问题上有一些正反两方面的经验教训。在发现和使用人才方面存在三难：一是贤才少，而庸才多，"少不胜众"，贤才被凡庸所淹；二是贤才特异非凡，往往不被人所认识，"乃世俗所不能见"；三是贤才往往被谗、被疑，还往往受害。故他强调："是故非君臣致密坚固，割心相信，动无间疑，若伊（尹）、吕（望）之见用，傅说通梦，管（仲）、鲍（叔）之信任，则难以遂功竟意矣。""（君）如不听纳，施行其策，虽广知得，亦终无益也。"意思是，君主招贤，能否使用并发挥其作用，关键在于勿疑而信任，采纳并施行其策。

二是重农抑商。他说："理国之道，举本业（农业），而抑末利（商贾）。"打击兼并之徒和高利贷者，不让商人入仕做官，令诸商贾"自相纠告"，即互相揭发奸利之事，除了劳动所得，把一切非法所得都赏给告发者。这样，就可以抑制富商大贾盘剥百姓，而劝导百姓务农，多生产粮食而尽地力。

三是统一法度。他说："法令决事，轻重不齐，或一事殊法，同罪异论。"这就容易被奸吏钻空子而"因缘为市，所欲活则出生议，所欲陷则与死比"，如此上下其手，必然使奸猾逍遥法外，而使无辜者受害。现在应令通义理、明法律的人，"校定科比，一其法度"，通令颁布，使天下人遵守。这才可使吏民有法可依，而难以胡作非为。

桓谭著《新论》的旨趣在于"兴治"。他提倡"霸王道杂之"的治道，并对王霸之道做了阐释。何谓王？"赏善诛恶，诸侯朝事，谓之王。"王何术？"夫王道之治，先除人害，而足其衣食，然后教以礼义，使知好恶去就。是故大化四凑，天下安乐。此王者之术。"何谓霸？"兴兵众，约盟誓，以信义矫世，谓之霸。"霸何术？"霸功之大者，尊君卑臣，权统由一，政不二门。赏罚必信，法令著明，百官修理，威令必行，此霸者之术。"他认为，现实需要将王道和霸道结合起来，而"霸王道杂之"的大致内容是这样三个要点：一是除害、富民，以礼义教民；二是加强皇权，统一法度；三是百官修理，威令必行。换句话说，就是把民生问题放在首位，同时注意巩固政权，防止政治腐败。这在两汉之际百姓遭殃、政权不稳、政治腐败的情况下，是有一定针对性和现实意义的。

至于反对谶纬，则是桓谭一以贯之的思想，更是他深思熟虑的结果。多年来他坚持观察自然现象，认真总结古人对宇宙的认识，形成了坚定的无神论思想。古时候，人们都相信长生不老，可桓谭偏偏不信。有一次，桓谭与大学者刘歆讨论长生不老的问题，刘歆的侄子在一旁说："老天爷生出一些杀人药物，必定也会生出使人长生不死的药物。"桓谭说："非也。那些杀人药物因与人性不合，所以能置人于死地，譬如巴豆可以毒死鱼，矾石可以毒死老鼠……这都是药性的作用，而不是老天爷有意这样安排的。"

他接着说道："人们可以用药物染黑头发，也可以用补药延年益寿，但终究阻止不了死亡的到来。我想，您叔侄二位见多识广，但一定没有见过长生不老或长生不死的人吧。"

对于人死后可以变成神仙的说法，桓谭用一个巧妙的比喻加以驳斥。他说，鼓吹神仙的人都以为人的形体死了，但精神不死，照样可以转变为鬼神。其实不然，人的形体死了，精神也就没有了。这就像燃烧着的蜡烛，形体犹如蜡烛，精神犹如烛火，蜡烛烧光了，烛火也就没有了。

这个比喻在当时产生了很大的影响，它有力地打击了谶纬迷信说。谶纬迷信最主要的观点，就是灵魂不死或精神不死，桓谭用烛火喻形神，十分形象地使这一观点的谬误不攻自破。

不过，桓谭的烛火之喻还留有一个缺陷，就是它还不能回答"烛火转移"的问题。后来有一位名叫慧远的佛学大师抓住了这一缺陷，说当一根蜡烛将尽时，可以将火引到另一根蜡烛上去，据此他提出了"神不灭论"。最后还是南朝的范缜用"刃利之喻"弥补了这个缺陷。他说，精神不能离开形体，就像"锋利"不能离开刀刃一样。这个比喻一出，宣扬鬼神论的人就无隙可乘了。

从烛火到刃利，无神论者的思想之剑是越来越锋利了。

九、既识弯弓又识文

在中国古代史上，三国时代和战国时代有几分相似：一是都处于社会动荡、战乱频仍的时期；二是都呈现出文化发展与社会稳定之间强烈的不均衡性；三是都涌现出一批极具个性、极具丰神、极具才情的精英人物。同样，与战国时代相似，三国时代的江淮地区仍然是精英人物的高产地，其中最为著名的是以曹操为代表的谯沛精英群和以周瑜、鲁肃为代表的江东精英群。

曹操（155—220），字孟德，一名吉利，小字阿瞒，沛国谯郡（今安徽亳州）人。三国时著名的军事家、政治家及诗人，魏国的奠基者。

曹操出生在官宦世家，他的父亲曹嵩本姓夏侯，因为后来成为大宦官曹腾的养子，于是改姓曹氏。曹操年轻时即已文武双全，《魏书》说他"才力绝人，手射飞鸟，躬禽猛兽，尝于南皮，一日射雉获六十三头"。《三国志》说他"才武绝人"，"少机警，有权数"。

公元175年，曹操举孝廉，任洛阳部尉。洛阳为东汉都城，是皇亲贵戚聚居之地，很难治理。曹操一上任即申明禁令、严肃法纪，皇帝宠幸的宦官蹇硕的叔父蹇图违禁夜行，曹操毫不留情，将蹇图用五色棒处死。于是，"京师敛迹，无敢犯者"。这样一种敢作敢为的强势风格，后来始终贯穿于他的政治生涯和军事生涯之中。

184年，因为镇压黄巾军起义有功，曹操升任济南相，后成为西园八校尉之一。189年董卓入京，曹操再显刚猛的一面，曾只身行刺董卓，失败后逃到陈留起兵讨伐董卓。192年，曹操正式组建了自己的军事集团"青州兵"，

196年率军进驻洛阳奉迎汉献帝，"挟天子以令诸侯"并迁都至许昌。200—
207年，经官渡之战等战役，曹操打败袁绍和其他割据军阀，统一中国北部。
建安十三年（208）十二月，在赤壁之战中曹操败于孙权和刘备联军，由此奠
定中国历史上魏蜀吴三国鼎立的局面。

曹 操

公元215年，曹操攻灭汉中的张鲁势力。216年，被封为"魏王"，受九
锡，设天子旌旗，戴天子旒冕。他名义上虽仍为汉臣，实际上已具备皇帝的
权力和威势。220年曹操去世，同年其子曹丕立魏代汉，追尊曹操为太祖武
皇帝。

从事功上看，曹操在政治、军事和文学创作上都取得了非凡的业绩。他
对东汉末年中国北方的统一、经济生产的恢复和社会秩序的维持有着重大贡
献。他还创立了屯田制，命令不用打仗的士兵下田耕作，减轻了东汉末年战
时的粮食问题。尤其他的"唯才是用"，是非常闪光的大手笔，打破了门阀偏
见，罗致一大批中下层人物为其所用。曹操精兵法，著有《孙子略解》《兵书

接要》等书；善诗文，《蒿里行》《观沧海》等篇，气魄雄伟，慷慨悲凉。

从性格上看，曹操又是一个集文气、侠气、暴戾气于一体的矛盾体。一方面他具有名士风度，举止洒脱，尝言"使天下无有孤，不知当几人称帝，几人称王"，虽然极端自负，但毕竟符合当时的实际；又言"宁我负天下人，毋天下人负我"，虽然惊世骇俗，但也体现了一定的话语勇气，甚至对于开启魏晋风度中的"任我"之风也起到了一定作用。这些都使曹操拥有了别具一格的人格魅力，唐玄宗便常自比"阿瞒"。但另一方面，曹操又是一个善于玩弄权术的权谋家，生性多疑，为人暴虐，尤其对于孔融、杨修等比较自由放任的知识精英不够包容——一个本身具有极高文化修养的政治家当权，反而成为其他知识分子的灾难，这一现象是令人深思的。

从思想上看，曹操则是儒、道、法、墨兼而有之，体现了多元性和融合性。造成曹操如此复杂的思想，既有时代的原因，也有自身的原因。在汉末，随着东汉王朝的灭亡，一直占据着统治地位的儒家思想受到很大冲击，由此迎来了思想上的大解放时期，各家思想得到了复兴。正是在这样的时代背景下，曹操有机会接触到各种不同的思想，设若在董仲舒献"天人三策"、汉武帝"罢黜百家，独尊儒术"的时代，要出现像曹操这样思想复杂的人，几乎是不可能的。除了时代的因素外，曹操本人的家庭出身和人生阅历也很关键。出身于官宦家庭的曹操，从小就受到家庭的影响，同时广泛涉猎了各种不同的书籍，这就为他形成复杂思想提供了极大的可能。

儒家思想是曹操思想的底色。他在《度关山》中写道："天地间，人为贵。立君牧民，为之轨则。车辙马迹，经纬四极。黜陟幽明，黎庶繁息。许由推让，岂有讼曲？兼爱尚同，疏者为戚。"孟子曾经提出"民贵君轻，社稷次之"的著名观点；"牧民"一词，在《管子》的《牧民》篇中表现为"予之为取"，"故知予之为取者，政之宝也。"曹操所说的"立君"，是指掌权的君主，应该采取"予之为取"的政策；诗中强调执政者应当厉行节俭、执法严正、宽厚爱民，反对奢侈享乐和过度地役使百姓。

曹操的《短歌行》是影响深远的名篇，他虽然在诗的前半部分流露出了人生短暂、年华易逝的感慨，但正因为人生易老，所以要抓紧时间建功立业。他说"周公吐哺，天下归心"，表明自己愿意学习周公，让天下的有识之士都归顺于其军帐之下，完成一统天下的伟大事业。这种心系天下的凌云壮志，正是儒家大一统思想的体现。

曹操征战图

　　仁义礼让，一直都是儒家思想的重要内容。曹操在《修学令》中这样写道："丧乱以来，十有五年，后生者不见仁义礼让之风，吾甚伤之。"从这里可以看出，曹操对于"仁义礼让"是何等重视。打败袁绍后他曾下令："河北罹袁氏之难，其令无出今年租赋！"因战乱免去了百姓一年的租税，曹操还具体规定："自顷以来，军数征行，或遇疫气，吏士死亡不归，家室怨旷，百姓流离，而仁者岂乐哉？"此举体现了曹操的仁政爱民。而在《军谯令》中他这样写道："为存者立庙，使祀其先人。"为了铲除暴乱，他率领义兵作战，"旧土人民死丧略尽，国中终日行，不见所识，使吾凄怆伤怀。"于是，采取仁政来安抚百姓，为死去的将士立庙，加以祭拜。

　　无论是褒扬忠正，还是实行仁政爱民，关心民生疾苦；无论是移风易俗，重振社会秩序，还是结束纷争混乱的局势，实现四海统一的宏伟愿望，这些都是儒家思想在曹操身上生动具体的表现。

当然，在曹操的思想中，道家的成分也是明显的。生活在社会中的任何一个人，生死问题都是不可回避的重大问题，对于要包举宇内、席卷天下的曹操来说，更是如此。赤壁一战，曹军失利，使他欲一统天下的美梦惨然破灭。在以后的几年里，虽然他积极地屯军备粮，对孙刘多次用兵，但始终未能成功；随着时间的不断流逝、年龄的不断增长，他的身体逐渐衰老，不能不产生暮年将至、壮志难酬的苦闷。志在千里的曹操绝不会放弃统一宇内的政治抱负，而他又清楚地认识到"造化之陶物，莫不有终期"。在理想与现实的矛盾面前，他产生了延长寿命的愿望，而要达到此目的，就要养气吃药，寻仙访道，这样的思想在《气出唱》一诗中表露无遗。

诗中描绘了这样的景象：驾着飞龙，乘风而行，顺着天路遨游于四海之外，来到仙境，看到仙人玉女，饮着玉浆；来到蓬莱仙山，玉阙之下，赤松子传授长生不老之妙法；最后东到与天相接的大海，得到神仙赐予的仙药。全诗呈现出一派和谐安宁的气象。同样，《气出唱》其二、其三都是描写仙界的美好，表达了诗人的向往之情。总之，三首《气出唱》描写了一个幻想的境界：驾龙乘风，遨游海外；然后上达天庭，与仙人往返，并从那里获得养气、方药等长寿之术；又到昆仑山和君山，同西王母等"乐共饮食"，共祝长寿。

除了儒家和道家思想外，在曹操的思想中还可以看出法家的成分。《明罚令》中便有这样的话："令到，人不得寒食。若犯者，家长半岁刑，主吏百日刑，令长夺一月俸。"而曹操在用人的时候唯才是举，只要有才能，不管其出身，甚至不考虑其思想品德，他都大胆地使用。显然，这一种思想又接近墨家。墨家主张"不党父兄，不偏富贵，不嬖颜色"，"虽在农与工肆之人"，只要是"贤者"，必"举而上之，以为官长"。另外，在墨家看来，耗费财力的厚葬是不利的，所以他们提倡节葬。这个思想在曹操的《遗令》中也有显著的体现。

曹操生活的年代，封建纲常秩序和文化统制尚未完全确立，因此他那带有鲜明个性的所作所为赢得了比较一致的赞许，他那丰富多元的思想更增添了其个人魅力。陈寿便评价曹操为"非常之人，超世之杰"。但其后随着封建纲常秩序和文化统制的加强，曹操的许多作为因带有"叛逆"色彩，逐渐被

"妖魔化"，这种"妖魔化"到元末明初的罗贯中著《三国演义》时达到顶峰。现在我们客观地看，曹操身上的"枭雄"成分，显然要远远大于"奸雄"的成分。或许还是鲁迅说得简洁："曹操至少是一个英雄。"

"生子当如孙仲谋"，是曹操在与孙权作战时发出的感叹。其实，"生子当如曹子桓"也不错，曹子桓就是曹丕，曹操和卞夫人的长子。他做了其父想做而没有做的事，彻底地把汉献帝拉下了马，自己做起了皇帝，即魏文帝。

曹操的几个儿子中，曹冲早逝，曹植偏文，曹彰又偏武，只有曹丕是个全能型人才。220 年称帝后，他在位时间只有短短 7 年，但仍然展示了卓越的政治理念和才干，做了不少事情。一是重视文教。221 年，下令人口达 10 万的郡国每年察举孝廉 1 人。同年又重修孔庙，封孔子后人为宗圣侯。224 年恢复太学，设立春秋谷梁博士。二是修复洛阳，营建五都，推广儒学文化。三是采取战略防守，恢复生产，与民休息，提倡薄葬。四是发展屯田制，施行谷帛易市，稳定社会秩序。黄初末年，魏国国库充实，累积巨万，基本解决了战争造成的通货膨胀问题。五是创立九品中正制，开创士族政治之先河。六是巩固中央集权，限制后党权力，削夺藩王权力，建立防辅制度。强化中书省，发展校事官制度。七是遣使复通西域，继承了东汉在西域的统治，并设置了西域长史府。

曹丕统治期间，曹魏国力进一步增加，版图得以扩大，多次击败羌胡、鲜卑等族的进犯。但他三次征吴，均无功而返，226 年，曹丕回到洛阳后一病不起，临终前托付曹叡于曹真、司马懿等人。曹丕死时年仅 40 岁，葬于首阳陵。

曹丕继承了曹操的文学才华，其《燕歌行》是中国现存最早的文人七言诗；他的五言和乐府清绮动人；所著《典论·论文》，在中国文学批评史上占有重要地位，是我国文学批评史上第一篇专题论文，起到了开风气的作用。

"文以气为主"，是曹丕所提出的最重要的文学理论。其实，不仅为文，为政也需要强大的气场作支撑。而曹操和曹丕，都是元气饱满酣畅淋漓之人物。可惜到了第三代曹叡这里，就气势萎靡，终于难逃司马懿父子的算计了。

在魏蜀吴三方势力中，东吴其实原先最不被看好，但却支撑到了最后，亲眼看到了蜀为魏所灭、魏被晋所代。这也说明，这是一个相当有生存智慧的政治集团，而集团里两个最重要的人才，便是周瑜和鲁肃。

周瑜（175—210），三国时期吴国将领，字公瑾，庐江舒县（今安徽庐江西南）人。周瑜出身士族，志向远大，自幼刻苦读书，尤喜兵法。年少时与孙策相识，结为生死之交。后孙策脱离袁术自立后，周瑜主动投奔孙策，在孙策平定江东的战争中起到了谋士和武将的双重作用。孙策待周瑜甚厚，任其为中郎将，又同时迎娶有"国色"之称的二乔，成为连襟。

公元200年，孙策早逝，临死前对孙权说"外事不决问周瑜"。孙权继位后，也十分信任周瑜。208年，曹操南下，目标直指江东，孙权战和未定。周瑜及时从鄱阳湖赶回，正确分析了曹操远来的种种弊端，使孙权下定决心与曹操一战。

周瑜身为水军大都督，负责前线指挥。当时虽然力量对比悬殊，但曹军也有致命的"软肋"。由于曹营将士多不习水性，为了克服这一弱点，曹操下令把战船用铁索锁在一起，上面铺上木板，连接成水上营寨，以便利行走。周瑜部下黄盖看到这种情况，认为是采用火攻的大好机会。两人一商量，决定由黄盖假降曹操，乘机火攻。在那个刮东南风的夜晚，火光照亮赤壁，烧得曹军一败涂地，全线崩溃。曹操元气大伤，被迫退回北方。

赤壁之战后，周瑜在攻打南郡时中毒箭，但还是拼死取下了南郡。荆州被"借"给刘备后，周瑜只得退往柴桑郡养伤，养伤期间提醒孙权提防刘备。后来孙权采纳周瑜的建议，拟出兵攻取蜀地，消灭张鲁，然后消灭曹操。210年，周瑜领兵攻打西川，行至巴丘城时箭伤发作，英年早逝，年仅36岁。孙权闻讯后，立即素服迎接周瑜灵柩回柴桑。

周瑜不仅能征善战，而且文采超群，精通音乐，即使是酒后，仍能听出乐人演奏中很细微的疏失，所以当时有谣谚说："曲有误，周郎顾。"周瑜待人谦恭，心胸开阔。例如程普曾一度和周瑜关系不好，认为自己年龄比周瑜大，便多次欺辱周瑜，周瑜却从不跟他计较。程普后来特别佩服周瑜，曾对人说："与周公瑾交往，如同啜饮美酒，不知不觉就醉了！"

周瑜堪称中国古代第一位外貌超群、才情飞扬、品格脱俗的"风流少帅"，而《三国演义》在"妖魔化"曹操的同时，也对周瑜做了"宵小化"处理。他被描述成一个气量狭小，嫉贤妒能，陷于"既生瑜，何生亮"情结中不能自拔的角色，而他"英姿勃发，羽扇纶巾"的少帅形象，也就被诸葛亮全面覆盖了。今天，我们阅读苏轼的《念奴娇》，应该明白周瑜才是风流少帅的原型，这不仅是一种文学描写，更是一种历史真相。

周瑜的继任者鲁肃（172—217），字子敬，临淮东城（今安徽定远东南）人。他不但治军有方，名闻遐迩，而且虑深思远，见解超人。《三国演义》将其塑造成一个忠厚老实之人，忽略了他的才能，这是与史实不符的。

鲁肃出身于士族地主，家境相当富裕。襁褓中丧父，由祖母抚养成人。年轻时的鲁肃，乐善好施，仗义轻财，很有游侠风范。周瑜任居巢长时，闻鲁肃之名，带数百人来拜访，请他资助一些粮食。当时，鲁肃家里有两个圆形大粮仓，每仓装有三千斛米，周瑜刚说出借粮之意，鲁肃毫不犹豫，立即手指其中一仓，赠给了他。经此一事，周瑜确信鲁肃是与众不同的人物，两人建立了牢不可破的友谊。

鲁 肃

在周瑜的引荐下，鲁肃与孙权"合榻对饮"，议论时事。鲁肃向孙权献策说："汉室不可复兴，曹操不可卒除，为将军计，惟有鼎足江东，以观天下之衅。"这就是后世称为"榻上策"的著名战略构想，堪与诸葛亮《隆中对》媲美。赤壁大战时，鲁肃为赞军校尉。他首先向孙权提出了联刘拒曹的战略方针，并出使刘备处，促成孙刘联盟。赤壁之战后，鲁肃又从大局出发，力劝孙权把荆州暂时"借"给刘备。

周瑜病逝后，鲁肃任奋武校尉，代领其军。215年，刘备夺取了益州后，孙权向刘备索要荆州，刘备不答应，双方剑拔弩张。在这紧要关头，鲁肃邀请关羽相见，提出各自将兵马布置在百步以外，只有将军们各带单刀赴会。此次会谈后来被称为"单刀会"。但"单刀"并非关公的大刀，毅然赴会且将对手震慑住的英雄也不是关羽，而是鲁肃。"单刀会"上，鲁肃一番大义凛然的分析，说得关羽唯唯而退。双方经过会谈，缓和了紧张局势。随后，孙权与刘备商定平分荆州，孙刘联盟暂时得以维持。

217年，鲁肃在军中病逝。孙权亲临其葬，诸葛亮亦在蜀国为他发丧。鲁肃死后，孙权派吕蒙袭取荆州，孙刘联盟完全破裂，而吴、蜀也最终被各个击破，随之灭亡。

在曹、刘、吴三家鼎立纷争的局势中，唯独鲁肃始终不渝地坚持孙刘联盟，这是他目光远大的过人之处，也是孙权、周瑜、吕蒙、陆逊不如他的地方。有的史学家甚至认为，鲁肃是江东最杰出的政治家、军事家和外交家，也只有他才配称得上战略家。可见，这个"老好人"和"和事佬"，其实是有大智慧的。

相传鲁肃和周瑜结为好友时，曾掘地接泉，以水当酒，喻示"君子之交"清如水。后来鲁肃家人将此泉用砖砌成水井，起名"子敬泉"。如今，鲁肃故里临淮镇仍保留"子敬泉"井一口，该井位于池塘正中，上置角亭，井水高于井外池水二尺许，为一奇观。

十、风流尽在玄谈中

有一种思想家，其生活方式对于后世的影响甚至要大过其思想的影响。在古希腊，这样的思想家首推整天待在木桶里晒太阳的第欧根尼；在中国古代，最著名的恐怕是魏晋时期的"竹林七贤"了。

"竹林七贤"的成员包括阮籍、嵇康、山涛、王戎、向秀、刘伶、阮咸，他们志趣相投，结成小团体，用狂放不羁的态度对待人生，还经常在充满野趣的竹林中聚会，毫无顾忌地饮酒唱诗，鸣琴垂钓。这种自由自在、"堕落并快乐着"的生活方式，刺穿了魏晋时期乌云密布的天空。

当时正值三国曹魏政权风雨飘摇之际，司马懿通过政变窃取了大权，他的儿子司马师、司马昭滥用酷刑，一方面极力铲除那些拥护曹魏政权的异己力量，另一方面又拼命提倡封建名教，实行思想专制。这些做法引起了士大夫们的不满。可是，谁又敢公开站出来对抗呢？许多人只好采取避世隐逸、荒诞乖张的生活态度，"竹林七贤"正是在这一背景下产生的。

七贤中，最著名的是阮籍和嵇康，堪称双子星座。嵇康（224—263），谯郡（今安徽亳州）人。他是历史上有名的帅哥，身形俊美，仪表堂堂，喜欢穿着自己设计的服装出行。据说每当嵇康出游时，常常有很多美女追随，仰慕嵇康的美貌。

嵇康是魏晋时期最为重要的玄言诗人，他的诗歌像是林中的响箭，穿透灵魂，又像是雪夜的独舞，回肠荡气。嵇康还是音乐大家，不但长于操琴，而且自度曲调，一曲慷慨激昂的《广陵散》，堪称千古绝唱。《广陵散》表现

"竹林七贤"图

的是复仇的主题，说的是聂政刺杀韩相侠累的故事，把中国人复杂奇崛的内心世界曲折地传达出来。

与其他名士一样，嵇康也有着一些常人难以理解的怪异行为，其中最为传奇的事情就是打铁，他不仅沉迷养生，还像一个铁匠一样专心打铁，这一怪异举动给后人留下无限的遐想。嵇康无论从哪个方面来看，都是一个彻头彻尾的艺术家，其人格魅力经久不衰。

嵇康崇尚老庄，曾说："老庄，吾之师也！"他主张"越名教而任自然"的生活方式，精通求仙服食之术，著《养生论》来阐明自己的养生之道。他赞美古代隐者达士的事迹，向往出世的生活，不愿做官。大将军司马昭欲礼聘他为幕府属官，他跑到河东郡躲避征辟。司隶校尉钟会盛礼前去拜访，遭到他的冷遇，嵇康只顾自己打铁，完全把钟会晾在一边。同为"竹林七贤"的山涛（字巨源）当时出仕任职，在他就要升迁高就的时候，朝廷要他推荐一个合格的人继任，山涛便推荐了嵇康。嵇康知道此事后，立即写了一封绝交信给山涛。

嵇康的《与山巨源绝交书》被认为是历史上第一篇真正体现文人独立性格的讽喻佳作，嵇康"师心以遣论"，敢于提出问题，大胆发表自己的见解，文风犀利。在1800多字的篇幅中，与其说嵇康在羞辱山涛，不如说是在羞辱司马氏集团残暴虚伪的统治。

有人说嵇康这么做是想要保全山涛，因为当时的统治者司马氏已

嵇康抚琴图

经对嵇康的不合作态度十分不满意，而山涛又是嵇康的朋友，所以嵇康这么做就会让他们认为山涛和嵇康没有关系了，这样山涛也就不必担心什么了。这是嵇康甘愿为朋友牺牲的一个例子。

正是这种对友情的珍视，后来将嵇康彻底拖入了险境。吕安之妻貌美，被吕安的兄长吕巽迷奸，吕安愤恨之下欲状告吕巽。嵇康与吕巽、吕安兄弟均有交往，故劝吕安不要揭发家丑，以全门第清誉。但吕巽害怕报复，遂先发制人，反诬告吕安不孝，吕安遂被官府收捕。嵇康激于义愤，出面为吕安作证，触怒大将军司马昭。此时，与嵇康素有恩怨的钟会，趁机劝说司马昭，将吕安、嵇康都处死。嵇康临刑前，三千名太学生联名上书，求司马昭赦免嵇康，并让其到太学讲学，但并未获准。在刑场上，嵇康顾视日影，从容弹奏《广陵散》，曲罢叹道"广陵散于今绝矣"，随后赴死，时年39岁。

嵇康继承了老庄的养生思想，并进行实践且颇有心得，他的《养生论》

是中国养生学史上第一篇较全面、较系统的养生专论。后世养生大家如陶弘景、孙思邈等对他的养生思想都有借鉴。

魏晋之时，养生之学大兴，但当时有两种相对立的思想存在：一是认为修道可成仙，长生不老；二是认为"生死全由天，半分不由人"。嵇康针对这种现象，指出成为神仙不可能，但如果导养得理，"上获千余岁，下可数百年，可有之耳"。在《养生论》中，他以"导养得理可寿"的总论点，提出了以下观点：

一、形神兼养，重在养神。他举例说明精神对人体的强大作用，指出"由此言之，精神之于形骸，犹国之有君也"。而中医学也认为人以神为根本，神灭则形灭。嵇康在此抓住了养生的根本。

二、注意平时在细微之处保养自己。嵇康认为万物禀天地而生，后天给予的养护不同，寿命也不尽相同，勿以益小而不为，勿以过小而为之，防微杜渐，提早预防，积极争取长寿。他特别指出若不注重养生，耽声色，溺滋味，七情太过，则易夭折。"夫以蕞尔之躯，攻之者非一涂；易竭之身，而内外受敌，身非木石，其能久乎？"

三、嵇康还告诫养生者要有信心，坚持不懈，否则就不易有效。还要以善养生者为榜样，积极吸取好的养生方法，清心寡欲，守一抱真，并"蒸以灵芝，润以醴泉，晞以朝阳，缓以五弦"，就可以"与羡门比寿，与王乔争年"。

《养生论》中有一段著名的话：

君子知形恃神以立，神须形以存，悟出理之易失，知一过之害生。故修性以保神，安心以全身，爱憎不栖于情，忧喜不留于意，泊然无感而体气和平，又呼吸吐纳，服食养身，使形神相亲，表里俱济也。

嵇康自己也身体力行，其友人言："与康居二十年，未尝见其喜愠之色。"他自己提的理论，几乎条条做到，但却犯了"营内而忘外"一忌，最终受人诬陷而遇害。

作为音乐家的嵇康，也有不同凡响的理论建树。他的音乐思想在《声无哀乐论》中做了专门的论述。在这篇论著中，他首先提出"声无哀乐"的基本观点，即音乐是客观存在的音响，哀乐是人们被触动以后产生的感情，两者并无因果关系。用他的话来说就是"心之与声，明为二物"。然后，又进而阐明音乐的本体是"和"。这个"和"是"大小、单复、高埤（低）、善恶（美与不美）"的总和，也即音乐的形式、表现手段和美的统一。它对欣赏者的作用，仅限于"躁静""专散"，即它只能使人感觉兴奋或恬静，精神集中或分散。音乐本身的变化和美与不美，与人在感情上的哀乐是毫无关系的，即所谓"声音自当以善恶为主，则无关于哀乐，哀乐自当以情感而后发，则无系于声音"。

那么，人的情感上的哀乐从何而来呢？嵇康认为这是人心受到外界客观事物的影响，具体说是受政治影响的结果，即"哀乐自以事（客观事物）会，先遘（相遇）于心，但因和声以自显发"。人心中先有了哀乐，音乐（"和"）起着诱导和媒介的作用，使它表现出来，同时，他还认为"人情不同，各师其解，则发其所怀"，人心中先已存在的感情各不相同，对于音乐的理解和感受也会因人而异，被触发起来的情绪也会不同，所以他认为音乐虽然能使人爱听，但并不能起移风易俗的教育作用。

在上述问题上，嵇康大胆反对两汉以来把音乐简单地等同于政治，甚至要它起占卜的作用，完全无视音乐的艺术性的观点和做法，是有其进步意义的。而且他所提到的音乐的形式美、音乐的实际内容与欣赏者的理解之间的矛盾等，都是前人所未论及的。只是他对某一方面做了片面的、夸大的理解，有一点"为反对而反对"的意思。他曾反复提到"先王立乐之意"，并把音乐分为抽象的"至乐"——"无声之乐"与具体的音乐——"音声"两种。人们在当前听到的只是"音声"，另有一种"至乐"是古代理想社会存在的音乐，其本性是"至和"或"太和"，它虽与人主观的感情没有因果关系，但因那个社会的政治是理想的（贤明的），即"和"的，所以人的感情也是"和"的，是"和必足于内，和气见于外"的。例如古代的"咸池""六茎""大章""韶""夏"等，都是"先王之至乐"，能够"动天地感鬼神"。而"音声"则是现实社会存在的音乐。现实社会的政治不是"和"的，所以人们的感情也是不"和"的，音乐与政治存在着矛盾。嵇康认为，关键的问题不是从音乐方面去解决，而在于改良政治，政治清明就能产生"和"的音乐。

嵇康抨击了那种不管自己政治的好坏，拼命反对民间音乐的儒家正统思想，反对他们以音乐的哀乐为借口随便给音乐加上"乱世之音""亡国之音"的罪名。他指出，"郑声"是美妙的，而对美的喜爱又是人的天性，所以它能使人迷恋，但与"淫邪"无关。有的音乐之所以"淫邪"，那是"上失其道，国丧其纪"的结果，也就是统治阶级不良统治的后果。把责任归到了当权者的身上，在当时的确是很大胆的，但这也在一定程度上，给嵇康日后的悲剧埋下了种子。

另一位七贤人物——刘伶，也是安徽人。比起嵇康，刘伶的生活态度要散漫得多。他没有嵇康的才华，也不像嵇康那样少年就有大志。嵇康曾长年在今天河南焦作一带修行，刘伶则大部分状态是手握酒杯，醉意朦胧，被称为"酒神"。酒文化在世界各地都有着悠久的传统，古希腊悲剧即起源于酒神祭祀的活动。尼采认为悲剧的精神就在于酒神的迷狂状态。刘伶作为中国的酒神，赋予了酒文化很多新鲜的意蕴，发现了酒与艺术、酒与人生的微妙关系。杯中之物和中国诗歌乃至绘画都有着千丝万缕的联系，人在醉酒的状态下，可以进入一种迷幻的艺术境界。刘伶是用酒写诗，以酒为诗，把魏晋时期的诗酒风流精神发挥到极致。他曾裸身在室内饮酒，客人进屋找他，见此情景就嘲讽他。刘伶说：天地是我的房屋，室内是我的衣裤，你为什么要钻

刘伶纵酒图

75

进我的裤裆里来？刘伶的生命哲学就是如此，他常年蜗居在家，以酒为伍，这种彻底的不合作状态里有人生的彻悟，也是用一种类似自残的方式来反抗社会。同时，看着身边好友一个个被迫害致死，刘伶难免有兔死狐悲之感，他的怪异行为也有避世自保的成分。事实证明，刘伶的人生选择起到了效果，嵇康因言导致杀身之祸，而刘伶因为沉迷杯中之物，不理世事，竟然得以终老。

影响中国文人将近 2000 年的"魏晋风度"，可以上溯到先秦道家文化，经过王弼、郭象两位哲人的发扬光大，形成了"以儒为体，以道为用"的玄学思想。玄学是极具中国特色的哲学学派，而魏晋时期将玄学理念和个人人生相结合，用生命来解读玄学理念的就是"竹林七贤"这样的魏晋名士，他们身上的风流神韵至今为人们所景仰。

嵇康和刘伶经常被并提，主要原因在于他们在"竹林七贤"中是最具传奇色彩的两位，也是史书记载最多的两位。巧合的是，他们两人实际上是老乡，他们的家乡在今天安徽省宿州市和淮北市交界处。直到今天，在宿州的五柳风景区还有很多关于二人的传说。五柳风景区出版的导游图上有一幅《曲水流觞图》，生动反映了名士们自然纯真的精神状态。其中嵇康和刘伶格外引人注目，嵇康身着华服，仰天而嘘，刘伶手握酒杯，潇洒自得。

十一、坐拥九华护众生

被大诗人李白称为"秀出九芙蓉"的九华山，因为地藏王菩萨的化身金乔觉而成为一座圣山。

地藏菩萨信仰在印度出现较晚，虽然留有痕迹，但总体来说并不为印度原始佛教界所重视，也并不在印度的四大菩萨（观音、弥勒、文殊、普贤）之列，其地位和作用在僧侣心目中微乎其微。这种状况直到印度佛教泯灭也没有改变。与此相反，地藏菩萨及其信仰传入中国后，不仅获得重生，并且成为中国大乘佛教推崇的四大菩萨之一。而这一切，都缘于这位叫金乔觉的来自朝鲜半岛新罗国的僧人。

公元 719 年，九华山下走来了一位风尘仆仆的行脚僧。他举目眺望，发现这里峰峦挺拔，连绵百里。云雾缭绕，四季清凉，

地藏菩萨塑像

77

是个修行的好场所。于是决定留驻九华山修行。九华山当地的一位隐士费冠卿在他的《九华山化城寺记》中，详细记录了这位行脚僧来到九华山的故事：

"新罗僧人金乔觉，法号地藏，是新罗国的王子。样貌奇特，身长七尺，力大无穷，24 岁落发出家，航海来到中国求法。"此时的中国正值盛唐，佛教大规模的经典翻译基本结束，大、小乘理论均扎根中土，佛教的发展处于繁盛时期，长安城内寺院林立，社会风尚是礼僧敬佛，重视国际性的商贸文化交流。唐朝不仅向佛教的发源地派遣留学僧，延请印度高僧来华讲经布道，还向朝鲜、日本等地传播佛教，吸引了众多的异国僧侣来华修行求法。金乔觉就是其中之一。

虽然此时的唐朝佛事兴盛，但九华山尚处在原始状态，荆棘遍布。东崖禅寺，是现在九华山的四大丛林之一，寺旁这块被称为东崖的巨石，传说就是当年金乔觉初到九华山的依止之处。他每天爬上这块巨大而平坦的岩石，坐禅诵经，息止妄念。当时九华山上有一个老员外叫闵公，布斋好善，经常供僧，但是每次还是无法供到 100 个僧。有次供斋刚刚开始，金乔觉来了，刚好够 100 个。但是金乔觉说我不是来化斋，我是来化山头的，我要盖庙，我需要一个地方。闵公问你要多大地方呢？他说我要一个袈裟之地。传说金乔觉将袈裟向空中一撒，化作一团红云，将九华山的 99 个山头都覆盖了。闵公见金乔觉佛法无边，便把整个九华山都献给了他，并为地藏护法，其子也随地藏比丘出家，法名道明，为地藏的侍者。现在所见的地藏菩萨像，两旁有一老者及少年比丘，即闵公父子。

唐朝至德初年（756），青阳县的乡绅贤达诸葛节等人，上九华山赏秋，他们走过东崖石室的时候，看到一位老僧正在石室闭目跌坐，身旁支着一个断足的鼎，里面是夹杂着少量米食的白土（此土色白而细腻，俗称观音土）。这个老僧就是已经在九华山修行了 36 年的金乔觉。诸葛节等人看见这番场景，投地号泣，说：和尚在如此苦行，这是我们的过错啊。于是号集众乡亲为金乔觉新建禅居——化城寺。金乔觉入住化城寺后，开始收徒纳众，广施教化，寺名远播，成为九华山的开山祖寺。

寺院建成后，各方来参学者甚众，新罗国也有不少人来亲近供养。九华

九华山化城寺前的放生池

山高且深，寺众增多，生活即发生问题，煮饭还要掺拌白土，其清苦可想而知，故当时称之为"枯槁众"。寺中大众只是一心为求佛法，而完全放弃了物质享受的要求。苦心修炼数十载之后，到了唐贞元十年（794），99岁的金乔觉圆寂，"骨节有声，如撼金锁"，三年后开视，肉身"颜色如生"。因为其面容与地藏王菩萨相似，僧人们都视为地藏菩萨的化身，因其俗姓金，故称为"金地藏"。又因为地藏菩萨曾经发誓：众生度尽，方正菩提；地狱未空，誓不成佛。所以又叫作大愿地藏菩萨。当地的僧众在他的葬地建起了地藏塔，以供人朝拜。

从此，九华山的香火日趋旺盛，绵延千载不绝。作为地藏菩萨道场，安徽的九华山和四川的峨眉山、山西的五台山、浙江的普陀山并称为中国的四大佛教圣地。

金乔觉虽然是朝鲜人，但他却是一位对汉文化很有研究的高僧，《全唐诗》里就收有他的《送童子下山》一诗：

空门寂寞汝思家，礼别云房下九华。

爱向竹阑骑竹马，懒于金地聚金沙。

添瓶涧底休招月，烹茗瓯中罢弄花。

好去不须频下泪，老僧相伴有烟霞。

　　从这首诗里，不难触摸到一个真实的灵魂。空门寂寞，烹茗瓯中，弄花山里，这一切与曾经的奢华生活是多么大的落差！但是因为有烟霞相伴，不必落泪不止，大可以苦中作乐。一心向佛的金乔觉，即使新罗国王几次派人来请，也不愿回去，甚至最后将派来的两位大臣（又说是他的两位舅舅）留

丰子恺画作《孤云》

了下来，两人也出家当了和尚。

中国的佛教主流是源于六祖慧能之禅宗。而六祖弘法时代正与金乔觉来华时间相吻合，金乔觉来华时，中国的禅宗顿教思想已传及大江南北。九华山佛教开山于唐代中叶，它也不可避免地要受到禅宗顿教的影响。金乔觉为地藏菩萨化身，所弘的是地藏本愿精神，他学修的属何宗何派虽无从考证，但从他当时所处的环境、他的思想、他的行持修证及大愿精神上，可以明显地看出金乔觉具有十分清晰的禅学思想。

金乔觉舍王室而出家，抛却荣华富贵，不远万里来到荒凉的深山密林，不惮寂寞，不辞劳苦，精勤修习，修身不替，这要有多么超迈的境界，要有多么强大的精神力量！这本身就是一种禅定思想的具体表现。没有很强的定力，物俗、色俗就会诱惑他的内心，使他为之动摇，没有高深的禅定功夫、大无畏的精神，就会为自然险阻所困，为狼豺虎豹、"鬼怪妖魔"所扰。只有具备静虑尘世烦恼、忧患的定力，才能有如此超凡的境界。

金乔觉到九华山以后，修炼的方法是"闭目石室"，"曾遇毒螫"也"端坐无念"。宋人陈岩在《九华诗集》中描写道："探地霜风黄叶飞，入山晏坐已多时。但知之凿俱迪透，不少日支状泪有"，"只将一点消诸妄，坐逸禅机最上乘"，"洞里金仙何年坐？湛然认得素来心"。对他这种"晏坐无动"的修炼，后人称作"铁板注脚"。金乔觉在 90 高龄的晚年，起居生活仍然俭朴。他穿的仍然是自己亲自编织的麻衣，除夏天领一侍者居南台以外，其他时间和众僧人吃住在一起。他过的正是农禅并重的生活，"一日不作，一日不食"，参禅打坐，自食其力，农禅作风始终不变。这种禅定方式和炼心意志，正是禅学思想在金乔觉修持上的显现。

金乔觉曾经说过这样一段话："六籍寰中，三清术内，唯第一义与方寸合。"这是一段高度概括的金言，意思是：佛界六经内，三清仙府各种法术中，最重要的是心里要牢记自己所信仰的教义，不得有丝毫邪念。"六经"指《大般若经》《金刚经》《维摩诘经》《楞伽经》《圆觉经》《楞严经》；"三清"指玉清、上清、太清，三宫（观）为仙人学法的场所。"第一义"即事理最初和最紧要的（信仰），也就是中谛、圆成实相，释家是以"无上甚深之妙理"为第一义。"方寸"指心，这里主要强调心的作用。金地藏的这一精辟的论说，与李白《地藏菩萨赞》中"本心若虚空，清净无一物。焚荡淫怒痴，圆寂了见佛"的观点是相印证的。李白笔下的地藏菩萨"本心虚空"与金地藏的"第一义与方寸合"，是佛教禅宗自称释迦教外别传的心法，即以心印心，师弟子心心不异，师心是佛心，弟子之心也是佛心。"我心自有佛，自佛是真有佛，自若无佛，向何处求佛"。这种心法，叫"静虑"，即安静地沉思。它本来是古印度许多宗教修养所采用的方法，后来被佛教采纳。它从 8 世纪的唐代后半期开始，至唐末极为盛行。所以地藏菩萨"安忍不动如大地，静虑深密如秘藏"的主要内容"安忍""静虑"，就是心法，就是禅。

金乔觉为答谢九华山北麓老田吴家大族族人吴用之布施之恩，曾作《酬惠米》一诗：

> 弃却金銮衲布衣，浮海修身到华西。
> 原身乍是首王子，慕道相逢吴用之。
> 未敢扣门求他语，昨叨送米续晨炊。
> 而今飡食黄精饭，腹饱忘思前日饥。

诗中再次表现出他本人宁弃富贵、甘于清谈的生活，以及专心修禅的思想。好一个"腹饱忘思前日饥"，这正是一种禅味的流露。"饥来吃饭困来眠"的境界更高，悟性更深一层。

金乔觉一生留下的文字极少，这首《酬惠米》之外就是前述的《送童子下山》诗，两首诗均有禅宗语录诗韵的风格。金乔觉生活的时代正是我国禅宗最兴盛的时代，禅宗的语录对整个中国佛教乃至中国文化都产生了深远的影响。金乔觉恰恰是受这股禅语风潮的影响而写出以上诗篇的。

"信、愿、行、证"是《华严经》中的修行次第。金乔觉所行为华严禅，他正是按照这个次第来修持的。"愿"是"行证"的基础、前提，"行证"是"愿"的实践之体现。而"行证"正是禅定的别称，禅定是"行证"的真正内涵。"愿"与"禅"密不可分。"愿"指导、推动"禅"，"禅"具体实现"愿"的任务。"愿"是"禅"的外表特征，"禅"是"愿"的内在实质。

"愿"是"体","禅"是"用"。从某种意义上说,"愿"即是"禅","禅"即是"愿"。"愿""禅"不贰。

　　金地藏以其大愿而度众生,因其大愿而成中国的四大菩萨之一。金地藏的大愿禅给后人以鼓励,后人以金地藏作为自己修行的榜样,效仿其禅风,称念其名号,以期征得无上菩提。

十二、深山一梦抵千年

先请看两首奇妙的《睡诗》：

一

常人无所重，惟睡乃为重。

举世皆为息，魂离神不动。

觉来不所知，贪求心愈动。

堪笑尘中人，不知梦是梦。

二

至人本无梦，其梦本游仙。

真人本无睡，睡则浮云烟。

炉里近为药，壶中别有天。

欲知睡梦意，人间第一玄。

这两首诗都是陈抟所写。陈抟（约 871—989），字图南，自号"扶摇子"，宋太宗赐号"希夷先生"。他生于唐朝末年，五代宋初道士，由于其出身低微，所以有关他的籍贯、家世乃至生卒年月，史无定论。

和老子一样，"睡仙"陈抟相传也是天生异人。一次，一位渔夫打鱼，一网下去，很觉沉重，提上来却是一团紫色的肉球。渔人饥饿，打算煮食充饥，锅中水才烧热，只听巨雷震响，球裂了，露出一个婴儿。于是婴儿便随渔人姓陈，取名抟，抟是圆团的意思。陈抟长大后，聪明过人，喜欢阅读经史百家典籍，一见成诵，15岁时，诗、礼、书、数及方药等书一览无遗，无不精通。

五代后唐长兴二年（931），陈抟举进士不第，于是不再追求功名利禄。到他的父母过世后，陈抟说："我以前所学的仅仅能够记住姓名而已！我将离开家乡到泰山去，与安期生、黄石公等仙人交游，怎能如世人那样在轮回之中生死呢？"便将家产分散送人，自己只拿了一只石铛走了。当时士大夫们仰慕陈抟的高洁，争先恐后想同他结识，但陈抟却谢绝了。他头戴斗笠，身穿蓑衣，出入集市、酒楼、野店，行走时口唱山歌，坐下时谈笑风生，如入无人之境。后唐明宗亲写诏书见他，陈抟长揖不跪。明宗待他愈加恭敬，赐号清虚处士，赐予宫女三人。陈抟上表谢绝，而后立刻隐避了。从此，陈抟随心所欲地徜徉游历于山水之间。

陈　抟

有一年，陈抟遇见孙君仿、麞皮处士二人，他们告诉他："武当山九室岩可以隐居。"于是，他便前往武当山九室岩栖隐，吐纳服气，不食烟火，每天仅饮酒数杯，静默修炼了20余年。一天，陈抟深夜立于庭院中，见一神人持剑呼唤道："你道已修得，应当选择归成的地方了。"陈抟说："您说归成之地，想来秋天是万物收敛结实的季节，那么代表秋天的西方将是我归隐的地方吧。"当时陈抟70多岁，随即徙居西岳华山，在山下寻得古云台观遗址，披荆斩棘，清除榛莽砖石，安居下来。

陈抟初到华山时，山上有老虎吃人，他对老虎大声呵斥，命令它们离开，自此华山上不再有虎患。平时，陈抟经常闭门卧睡，往往累月不起。一天，有个樵夫在山麓看见一具"尸体"，身旁竖着一柄拂尘。走近一看，原来是陈抟。摇一摇，口有热气。过了很长时间，他才慢慢恢复呼吸起身，说："我睡得正香，你为什么来打扰我？"州将罗彦威将陈抟的事迹奏告后周世宗，后周显德三年（956），世宗命华州地方官询问他关于点化金银的道术。陈抟对世宗说："陛下贵为天子，广有海内，当以治理天下为要务，何必留意那些小道术呢？"世宗不责怪他冒犯，拜他为谏议大夫，陈抟坚决推辞。

陈抟身怀经国济民的才学，经历了五个朝代的更迭离乱，每当他听到一个朝代的灭亡，总是闷闷不乐，颦眉数日，曾写过一首诗说：

十年踪迹走红尘，回首青山入梦频。紫陌纵荣争及睡，朱门虽贵不如贫。愁闻剑戟扶危主，闷听笙歌聒醉人。携取旧书归旧隐，野花啼鸟一般春。

北宋太平兴国初年（976），太宗皇帝曾在赐陈抟的一首诗中说："曾向前朝出白云，后来踪迹杳无闻。如今若肯随君诏，急把三峰赐与君。"陈抟这才赴诏。进宫前，要求先安置一间静室休息，太宗便赐他建隆观。陈抟关门熟睡了一个多月才醒来，身穿羽服，头戴华阳巾，脚穿草鞋，上朝谒见。太宗在延英殿以宾客礼相待，赐坐交谈了很长时间。其时太宗正要征伐北汉，陈抟直言劝止，然而当时军队已经出发，太宗听到谏言很不高兴。不久，就传来了征战失利的奏报。太宗这才心悦诚服。太平兴国四年（978），陈抟又到京都，对太宗说："现在可以征灭北汉取河东了。"于是太宗又兴王师，果然大获全胜，一举灭了北汉，俘获了北汉王刘继元。太宗赐陈抟"希夷先生"

的徽号，并经常和他作诗唱和。有一次太宗问："像古时尧舜那样治理天下，现在可以办到吗?"陈抟说："尧舜时代，皇帝住的是土坯草屋，土阶三尺，茅茨不剪，根据这样的说法，现在很难比得上。然而，能够政治清明，不伤财劳民，就是今天的尧舜了。"

陈抟很少到人世间走访，而常同吕洞宾、壶公、赤松子等仙人在华山聚会交谈，饮酒赋诗。有一官家子弟金砺恭敬地前来拜见，并请教睡觉的方法，陈抟听后微微一笑，回答道："睡眠的道理不认识，要想脱离生死，跳出轮回就难了。如今人们饮食终日，汲汲钻营，一夜要惊醒好几次。精神被名利声色扰乱，心智被佳肴美酒迷糊，世俗的睡法就是这样。而高人睡觉时，有苍龙守在东方，白虎伏在西方，丹田精气运转，五脏神水循环，然后神灵出窍，飘然遨游碧宫，上下昆仑紫府、福地洞天，这样的睡法不知道岁月迁移与世间忧愁，才称得上真睡真梦。"于是他送给金砺两首《睡诗》。后来金砺有幸见到陈抟仰卧睡去的样子，没有呼吸，而面色红润，不禁肃然起敬，在床下跪拜而去。

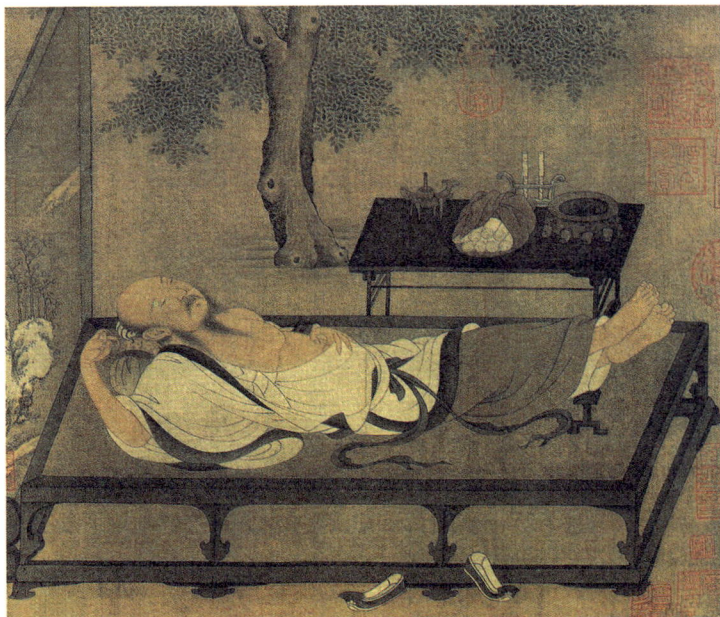

陈抟睡图

在常人看来，似乎陈抟一心贪睡，是个整天昏睡的懒道士。其实，陈抟的"睡"是一种高明的修炼，实为道家内丹的一种功法。后世传有《陈希夷胎息诀》和《华山睡功法》，皆为道教静功。用一句话概括，陈抟之"睡"，是其神奇的修炼方。

陈抟是一个很有政治眼光和政治抱负的人，无奈他生于乱世，又无力扭转乾坤，于是他便从宗教中寻找精神寄托。他的著作虽于世几乎绝迹，可是根据北宋哲学家周敦颐的《太极图说》和邵雍的《先天图》可以看出，他继承了道教传统思想，提出了一套"无极而太极"的宇宙生成图式。他认为万物一体，即宇宙万物的本源是"无极"，而"无极"则是无形无象的精神本体，也就是"道"。陈抟还吸收了儒家《周易》的思想，他根据《易》说提出了超绝万有的"一大理法"。"一"乃是包罗万象的，概括一切的精神实体，即"道"。"理"是准则、规律，是无形无象的、永恒的。"理法"是万物生成的规律、法则。事物的发展变化都必须依"理"这个法则，必须服从"一大理法"。"理"与"道"有相同之处，即都是指事物发展的规律、法则。但它们又有不同之处，前者是指事物的特殊规律，并偏重于社会伦理方面；后者是指事物的普遍规律。陈抟用"理"来解释宇宙的生成规律，后来宋明理学家则把它当作哲学的最高范畴。

陈抟为摆脱现实的烦恼，又从《庄子》那里接受了虚无主义的人生哲学。为了寻求长生久视，与天地同寿，他吸收并发展了道教钟、吕金丹派的出世思想和它的修养术——睡功，对道教内丹炼法中的卧功有一定影响，后来被南宗金丹派所吸收。道教的卧功又被近代养生学所吸收，成为今日气功的内养功之一种。

陈抟的《无极图》是一种论证宇宙生成的图式，也是讲道教修炼方法的图式。老子《道德经》云："道生一，一生二，二生三，三生万物。"又说："天下万物生于'有'，'有'生于'无'。""无"就是"道"。道教中人为了求得寿同天地，把这一思想作为神仙信仰的理论根据，并发挥出一套逆行修炼之法。即：万物归三，三归二，二归一，一归虚无，最后达到虚无的"纯阳"境界，道教称之为"仙道"。陈抟的《无极图》就是根据这种理论自下而上，以明逆则成仙之法的图式。最下圈为"元牝之门"，牝，为窍也；玄牝即"谷神"，这里指人身命门两肾中间空虚的地方，先天的元气便产生于此，人身各器官的运动，也根源于此。老子《道德经》谓："玄牝之门，是谓天地根。"往上一圈为"炼精化气，炼气化神"，这是指炼有形之精化为微芒之气，再炼气为三宝合一之神。中间为"五气朝元"，即水火交媾而成丹药。再上一圈黑白交错，名为"取坎填离"，就是去阴填阳，达到纯阳，结成"圣胎"。最上一圈名为"炼神还虚，复归无极"，炼到这时便还于"无始"，元神就可以脱离肉体而独立存在，功夫就算成了。也可以把这一过程解释为始得窍，次于炼，次于和合，再次于得药，最后脱胎成仙。道教把它称为长生久视的秘诀。

陈抟的《先天图》也是讲道教修炼的图式。所谓《先天图》，是把《周易》六十四卦绘成方图、圆图和《伏羲八卦方位图》以及配合一年二十四节气的《卦气图》等等。陈抟的《先天图》已经失传，留传下来的只有邵雍的《先天图》。根据邵雍的《先天图》可以推测，陈抟的《先天图》无疑也是讲宇宙生成变化的图式。陈抟在传统的道教思想基础上，吸收了"易"的义理和象数之学，把客观自然变化的规律看作是先于物质世界和具体事物而独立存在的东西。陈抟根据这一思想提出了"一大理法"的概念，用八卦方位和六十四卦次序来推测自然和人事的变化，同时也用这种思想来指导道教的修炼。

陈抟后期博采众家之长，将儒释道三家打通，是北宋期间三教合流的首倡者。陈抟的这一创举实现了中国理学的兴盛，从此中华儒释道合一的文化根基就更加稳固。因此，陈抟不仅是道教供奉的神仙，也是儒家理学的开创者，同时他将佛教思想融入世俗生活和社会人生，又是今天佛教界盛行的"人间佛教"的早期开拓者之一。

十三、青山绿水出理学

　　自魏晋南北朝以来，儒释道三家长期的争论和相互融合，为理学的形成准备了思想条件。早在魏晋时，寇谦之、陶弘景都提出过三教归一的思想。葛洪则主张"内道外儒"，他的《抱朴子内外篇》中的内篇是讲道教的，而外篇则是用儒家思想来解释其政治主张的。儒家思想也在随着时代的发展变化，不断吸取释、道二家思想而丰富自己的理论。魏晋玄学即是儒、道融合的产物，例如何晏、王弼、郭象都是融合儒、道二家思想的玄学大家。经过长期酝酿，至宋时，一种以儒家思想为主体，吸取道教宇宙生成的图式和佛教的思辨哲学的新儒学——理学（又称道学）应运而生了。由于理学以一种精致的、思辨的哲学形式，把"三纲五常"说成为永恒的天经地义，把封建制度的君权父权绝对化、神圣化，为封建剥削制度和封建专制主义国家的存在提供理论根据，因此它很快占据了思想统治地位，成为中国封建制度发展后期影响最大的官方哲学。

　　在理学流派中，新安理学的影响无疑最大，其奠基人程颢、程颐及集大成者朱熹，祖籍均在新安江畔的徽州，因徽州的前称为新安郡，故这一学派以"新安"定名，朱熹亦自称"新安朱熹"。这里青山绿水，风光秀丽，宜耕宜读，是典型的人居佳境，仿若世外桃源。

　　朱熹（1130—1200），字元晦，别号紫阳，南宋徽州婺源（原属安徽，今属江西）人，著有《周易本义》《诗集传》《礼仪尼传通解》《四书章句》《论孟精义》等。从南宋前期至清乾隆年间，新安理学在徽州维系了600多年，对徽州社会文化的发展产生了很大影响。在这个过程中，朱熹作为集大成者，影响最大。这个政治上的失败者，倾心致力于讲学与著述。朱熹门徒遍及天下，去世时送葬弟子竟至千人。他在学术上的成就更是震烁千古，其文化地位越来越高，不仅一直被视为儒家的正统，而且其思想被规定为支配中国思想界达 600 余年的官方哲学。

朱熹在前人尤其是"北宋五子"的思想基础上，构建了一个以"理"为最高哲学范畴的客观唯心主义哲学体系。这个体系由本体论、修养论、政治论、认识论等方面构成，包括理气论、心性论、格物致知说和知行并进说等方面的内容。其思想体系，继承和发扬了秦汉以来中国哲学兼容并包的精神，同时具有鲜明的广泛性与创造性特点。

作为一位大思想家、大教育家，朱熹长期从事讲学，毕生致力于教育，对读书尤其重视。他说过："为学之道，莫先于穷理；穷理之要，必在于读书。"但国人一提读书，就想起"十年寒窗"，想

朱熹像

起"先苦后甜"的士子梦。其实，光"苦"是不成的，读书也有技巧，也要讲究方法论。朱熹专门写过两首叫《观书有感》的诗，其中一首形象地说明了读书的重要性：

> 昨夜江边春水生，艨艟巨舰一毛轻。
> 向来枉费推移力，此日中流自在行。

大船自在航行，需要一江春水；而人要自由行动，则需要广博的知识。

人们应当发奋读书，增长知识，为自己这艘"大船"的自由航行输送一江春水。而千万别做那种在岸上推船的蠢事，那是白费气力、徒劳无益的。

朱熹总结出了六条读书经验，即："循序渐进"、"熟读精思"、"虚心涵泳"、"切己体察"、"著紧用力"、"居敬持志"。这六条，就是流传下来并对后世产生了重要影响的"朱子读书法"。其中，"虚心涵泳"，是指读书时要虚怀若谷，忠于作者原意，切不可先入为主，更不可穿凿附会，最糟糕的就是自己先有一个观点，再拿书中的"圣贤言语"来凑自己的"意思"。"切己体察"，是指"学者读书，须是将圣贤言语体之于身"，也就是必须心领神会，身体力行，把读书和修身统一起来。"居敬持志"，则是要求读书必须注意力高度集中，全神贯注，做到"心到、眼到、口到"，同时必须坚定志向，具有远大的理想和目标，并以顽强的毅力求其实现，"立志不定，如何读书？"

朱熹将读书弄得如此"缠绵悱恻"，但他绝不是一个埋首书斋死读书之人，他认为，要不断引入"源头活水"，才能将学问做得"活色生香"。他的另一首《观书有感》是这样写的：

半亩方塘一鉴开，天光云影共徘徊。

问渠哪得清如许，为有源头活水来。

如何才能引入"源头活水"，最重要的当然是亲身实践。朱熹将读书视为"第二义"，他认为，书本上的知识毕竟是间接的，要验证书上讲得对不对，还必须实地考察、直接检验。他根据亲身考察，纠正了《禹贡》一书上对汉水的错误记述。又根据实地勘探，验证了古代沧海变桑田的记载。朱熹在高山的石头中发现了螺蚌壳，便认识到，自从生物的甲壳被埋入海底软泥当中的那一天以来，海底已经逐渐升起而变为高山了，这一见解比欧洲人达·芬奇的类似发现整整早了三个世纪！

朱熹也特别重视相互切磋、自由探讨。当时，书院很发达，有点类似于现在的大学。朱熹长期主持白鹿洞书院，他经常邀请其他儒家学派的大师来本院讲学，各抒己见，自由辩论，形成了一种会讲制度。淳熙八年（1181），朱熹邀请陆九渊到白鹿洞书院讲学，陆九渊讲"君子喻于义，小人喻于利"一章，不少听者流下了泪水。朱熹在一旁坐听，也深受感动，他认为陆九渊

"为有源头活水来"

讲得很好，触及了当时读书人灵魂深处的毛病。他请陆九渊把讲义写出来，其后又把它刻在石碑上。朱熹和陆九渊在许多学术观点上是水火不容的，但对"竞争对手"能如此虚心、如此尊重，这需要何等的气量！朱熹在给陆九渊的回信中这样写道：凡是参加辩论的人，应该平心静气，仔细思考，反复思考，实事求是，这样就一定会得出正确的结论来。从中反映出了朱熹对于辩论的正确态度。当朱熹听到陆九渊逝世的消息后，还专门设了灵位，并率领学生哭奠。

朱熹很重视教材的编订。他从浩繁的儒家经典中，精心挑选了《大学》《中庸》《论语》《孟子》四部书，作为基本教材，并且做了简明扼要的注释，这就是广为流传的《四书集注》，元、明、清各代都以此作为官定教科书，影响极大。当然，对于很多功名心切的人来说，《四书集注》只是应试科举的敲门砖，他们一味沉浸其中，而忘了要抬眼看看外面的世界，忘了"万紫千红"，更忘了"沧海桑田"。

这恐怕是朱熹未曾想到的，他同样未曾想到的是"存天理，灭人欲"这句话在后世的遭遇。

长期以来，"存天理，灭人欲"一直被当作朱熹的发明而流传。事实上，这一概念在《礼记·乐记》中已经出现，其中说道："人化物也者，灭天理而穷人欲者也。于是有悖逆诈伪之心，有淫泆作乱之事。"这里所谓"灭天理而穷人欲者"，就是指泯灭天理而为所欲为者。二程说："人心私欲，故危殆。道心天理，故精微。灭私欲则天理明矣。"这里所谓"灭私欲则天理明"，就是要"存天理，灭人欲"。后来朱熹说："孔子所谓'克己复礼'，《中庸》所谓'致中和''尊德性''道问学'，《大学》所谓'明明德'，《书》曰'人心惟危，道心惟微，惟精惟一，允执厥中'，圣贤千言万语，只是教人明天理、灭人欲。"

朱熹的这句话曾经饱受批判，甚至被当作理学扼杀人性的"罪证"。那么我们首先就必须弄清，朱熹的"天理"和"人欲"究竟是什么？

"饮食，天理也；山珍海味，人欲也。夫妻，天理也；三妻四妾，人欲也。"这下就清楚了。在朱熹眼里，自然健康而情操高尚的生活，是天之理，因为人必须要吃饭才能活下去，必须有夫妻之事才能繁衍后代，而吃饭只要健康卫生即可，一夫一妻也更利于家庭和谐。所以饮食和夫妻是天（也就是"自然"）之理。贪求奢靡、享受淫逸，则是人的内心欲望，是饮食、夫妻之上的淫逸欲求。他要求做人要自然健康，夫妻和谐，而不要贪求淫乐享受。这种要求何错之有？饮食夫妻之天理不该存吗？贪享淫逸之人欲不该去吗？就是放到现代，这种思想难道是落后的、不值得提倡的吗？

再从更深的学理层面分析，朱熹说的"天理"，首先主要是指自然、社会及人类个体思维的法则或规律。朱熹说："盖天理者，心之本然，循之其心则公而且正。"何谓"心之本然"？他说："盖此心本自如此广大，但为物欲隔塞，故其广大有亏；本自高明，但为物欲所累，故于高明有亏。"人们如果按照"天理"进行思维，亦即按照心灵本身固有的思维规律进行思维，则"心自广大"，即人心自能反映广大的客观世界，而且"高明"透亮，清楚无误。如果不是这样，如果为物欲所"蔽塞"所"系累"，那就不能按照"天理"，不能按照"心之本然"，亦即不能按照思维规律进行思维，那就会走入邪门歪道。因此，所谓"心之本然"，就是按照思维规律进行思维，实际就是保持心的理性思维作用，既不为物欲所蒙蔽，也不为感性知觉所干扰，从而能真正格物穷理，认识事物的规律或法则。这也是西方哲人们一再在朱熹的思想中看到的伟大之处。

朱熹的天理，是很宏大的一种概念，可借用英国学者李约瑟的论述："（朱熹）通过哲学的洞察和想象的惊人努力，而把人的最高伦理价值放在以非人类的自然界为背景。或者（不如说）放在自然界整体的宏大结构（或像朱熹本人所称的万物之理）之内的恰当位置上。根据这一观点，宇宙的本性从某种意义上说，乃是道德的，并不是因为在空间与时间之外的某处还存在着一个指导一切的道德人格神，而是因为宇宙就具有导致产生道德价值和道德行为的特性，当达到了那种组织层次时，精神价值和精神行为有可能自行显示出来。"

在朱熹的话语体系里，对"欲""人欲""私欲"定义很严格，他的学说中，人欲＝私欲。"天理"，是大自然发展之规律，是社会伦理法则与道德规范，"人欲"是人类个体的欲望。因此，朱熹"存天理，灭人欲"的命题，在某种意义上可以说是一条具有普遍意义的真理。

　　在朱熹的那个时代，他的"存天理，灭人欲"，主要是对达官贵人的告诫，更是对知识阶层的期许，所谓"学者须是革尽人欲，复尽天理，方始为学"。但南宋的政治气候很是腐败，文化气候也可谓媚俗而绮靡，尽管朱子像春秋时的孔子那样，絮絮叨叨，想把社会精英们往高尚的道路上引，但会有多少人听他的呢？

　　孔子，以及这个最像孔子的人——朱子，生前不得志，身后却被历代统治者别有用心地大规模"误读"，将他们的某些理论畸形地放大，用以全面钳制国人的思想和道德。对于孔子和朱子来说，这是一种荣耀，还是一种悲哀？

十四、书生妙计定天下

　　隐士是中国文化的一道别样风景，从某种程度上讲，也是中国政治的一股奇异力量。有的隐士，以"隐"为进，寻求仕途的机遇，如姜子牙；有的隐士，原本态度坚决，但经不住"明主"一再敦请，终于出山，如诸葛亮。而这里要说到的谋略家朱升，则在隐逸和出山之间不停彷徨，写下了一段让人感喟的传奇。

　　朱升（1299—1370），字允升，徽州休宁人，后徙居歙。朱升幼年师从当地的著名学者陈栎。陈栎，字寿翁，屯溪人，他景仰朱熹，发愤研究，光大朱子的学问，在当地影响很大。朱升经常向陈栎"剖击问难，多所发明"，颇受陈栎的器重。元至正四年（1344），朱升登乡贡进士第二名，八年（1348），任池州路学正。他管理学田有方，"讲授以身示法，南北学者云集"。这不仅显示了朱升的才干，而且表明了他在知识分子中的影响远远超出徽州地区。更难得的是，朱升广交师友，哪怕是小巷百姓、樵夫、渔夫、家庭妇女，只要有一言一事可取，他都虚心吸收，这种博采众长、不以"闻于贱者"为耻的治学态度，使他知识渊博，了解民情。这对他后来在辅佐朱元璋削平群雄，推翻元朝，建立大明王朝的事业中，具有决定性的作用。

　　元至正十七年（1357），朱元璋亲率大军出征浙东，道经徽州。他经邓愈的推荐，亲至石门向朱升请教夺取天下的计策。当时朱元璋受小明王韩林儿节制，属北方红巾军系统。北方红巾军初起时，既谴责"贫极江南，富称塞北"的不平等现象，又提出"复宋"的口号，符合新安士人的政治理想。加上为朱元璋亲顾茅庐、礼贤下士的态度所感动，朱升决定出山，辅佐朱元璋。他针对当时的斗争形势和朱元璋"地狭粮少"的实际情况，进献了"高筑墙、广积粮、缓称王"三策。朱元璋喜出望外，当即"命预帷幄密议"。由此朱升正式出山，成了朱元璋麾下一员辅佐重臣。

朱升的"高筑墙，广积粮，缓称王"三策，为朱元璋所采纳，成为他营建江南根据地的指导方针。至正十八年（1358）十一月，婺州"久拒不下"，朱升劝朱元璋亲临指挥，朱元璋"因问兵要"，朱升说："杀降不祥，惟不嗜杀人者，天下无敌。"朱元璋采纳他的建议，亲率十万大军前往婺州，令"城破不许妄杀"。至十二月，夺取婺州。接着，朱元璋又问："处州密迩，可伐欤？"朱升主张攻取处州："处州有刘基、叶琛、章溢，皆王佐才，难致麾下，必取处州，然后可得。"攻克处州后，朱元璋即遣使礼聘刘基等三贤，与宋濂一起召至应天。至正二十三年（1363）七月，朱元璋与陈友谅在鄱阳湖展开大战，前三天，陈友谅军占据上风，朱元璋军处境不利。朱升献策说："贼尽国兵而来，众多粮少，不能持久。我师结营于南湖嘴，绝贼出入之路，待其粮尽力疲，进退两难，前后受敌，克之必矣。"朱元璋说："我粮亦少。"朱升胸有成竹地说："去此百里许，有建昌、子昌、天保、刘椿四家，蓄积稻粱，宜急去借，勿为贼先取也。"朱元璋即分兵前往借粮，"果得粮万余"。后来，陈友谅"粮且尽"，至八月底不得不冒死突围，经南湖嘴进入长江，奔还武昌。在泾江口一战中，朱元璋冒着

朱升

雨点般的流矢，亲坐胡床指挥伏兵截杀。朱升见之，急忙将他推入船舱，他刚离开，流矢"已中胡床板矣"。

朱升不仅有武功，而且有文治。清代史家评曰："升于明兴之初，参赞帷幄，兼知制诰，一切典制，多出其手，与陶安、宋濂等名望相埒。"这是符合历史实际的。朱升在文治方面，从根本上说是为朱元璋制礼作乐，完善其政权，直至正式建立明王朝，把朱元璋捧上九五之尊的皇帝宝座。

但是，就在朱元璋称帝之后，朱升却萌生退意。明洪武二年（1369）二月，他便正式"请老归山"。

朱升请求致仕时，已是71岁高龄。按古制，文官大抵是70岁退休，但在新王朝草创之时，一些劳苦功高的老臣是不受此限制的。朱升所以自请告老还乡，是另有原因的。原来，经过多年的接触与观察，朱升发现朱元璋的性格猜忌多疑，对臣下特别是儒士并不完全放心，规定所有的儒士均需由他亲自考察任用，"禁诸将擅用"。儒士一旦得咎，便会受到严厉的惩处。如儒士许元曾受"命傅诸子，擢国子博士"，"出入左右垂十年，自稽古礼文事，至进退人才，无不与论议"。但在朱元璋准备跻登大位之际，他请求"告归"，却被以"忤旨"之罪"逮死狱中"。朱升的同乡好友叶宗茂在邓愈下徽州时被授为婺源州守，就职后修城积粮，招抚流离，在任六载，为政有声。1364年升任饶州知府，却因守将的诬陷而罢官，谪居濡须（在今安徽和县西南），三年后忧愤成疾而死。就在叶宗茂病逝当年的七月，朱升自己也不小心惹恼了朱元璋，当时朱元璋命他率乐舞生入见，"奏雅乐阅试之"。朱元璋亲击石磬，命朱升辨五音，朱升误"以宫音为徵音"，惹得朱元璋不高兴，指责"近世儒者鲜知音律之学"，幸"赖熊鼎解之得止"，才免受皮肉之苦。不过，这件事却在朱升心中投下了一道浓重的阴影，他生恐自己重蹈叶宗茂的覆辙。更令朱升感到不安的是，朱元璋"以汉高自期"，"行事多仿之"，而汉高祖刘邦却是一个可与共患难不可共安乐的人，在群雄逐鹿之时想尽办法网罗天下英才，待到跻登大位之后，则是"狡兔死，走狗烹；飞鸟尽，良弓藏；敌国破，谋臣亡"了。每念及此，朱升就不能不为自己的未来深感忧虑。他当初出山是为了辅佐朱元璋重建汉家王朝，如今这个目的已经达到，他决心告老还乡，安度晚年了。

朱元璋对朱升的请归很感意外，"欲赐以爵土"，但朱升"固辞不受"。他说："臣后人福薄，不敢叨天恩也！"朱元璋说："卿子几何？即不受吾爵，独不使辅朕乎？"朱升老泪纵横，哽咽对曰："臣一子名同，事君之忠有余，保身之哲不足，臣所以不令其仕者，恐他日不得老死牖下也！"朱元璋说："恶，是何言欤？朕与卿分则君臣，情同父子，何嫌何疑而虑及此乎？"朱升答："非臣过虑，数固然耳。但愿陛下哀念老臣，臣子不免，赐以完躯，幸矣。"朱元璋为之恻然，"因与朱同免死券以慰之，驰驿送归"。朱升甚觉欣慰，陛辞时郑重地对朱元璋提出："伏愿陛下明照万里，治国有三重焉：东宫择贤师，保将相，久试贤能，百姓如保赤子。"

朱升之所以退得干干脆脆，还因为他深知自己身上有一个特别招人猜忌的地方。他本是饱学之士，谋略高明，而且有个突出的特点——精通天文。但是，在朱升生活的时代，天文学还处在神学的包围中，往往与占卜等求神问天的形式缠夹在一起。在朱元璋的东征西讨中，朱升不断以他的天文知识替朱元璋出谋划策，以至被誉为"蓍言趋吉避凶，往无不克"，甚至赞叹："朱允升知其神乎！"但是，一旦天下夺到手中，在朱元璋看来，朱升这样的人就成了最危险的潜在政敌。我们从朱元璋称帝后即禁止私习天文，通晓天文者"率多不免于祸"，以及与朱升一样精通天文的军师刘基最终仍不免被毒死的一系列事实中，是不难窥知其中奥妙的。

洪武三年（1370）十二月，朱升去世。朱升预料到猜忌多疑的朱元璋将会上演一场诛戮功臣的血腥连续剧，但绝对没有想到，在他死后几年，朱元璋会在强化君主专制的道路上走得如此之远。当年朱升归隐时，李善长还致书挽留，说什么"先生文学德誉，圣君所知，实儒流之老成，国家之众望，兹当作兴斯文，敝求治道之际，岂宜高蹈丘园，独善而已哉"！而李善长自己最后的下场又是什么呢？洪武二十三年（1390），朱元璋将李善长牵扯到胡惟庸案中，假托星变，需杀大臣应灾，杀了时年已77岁的李善长和妻女弟侄家口70余人。事后，解缙上书为李善长辩诬，驳得朱元璋无话可说，但李善长一家，早已是"血污游魂归不得"了。比起李善长、刘基和一大批被杀的功臣，朱升得以老死林下，还算善终。但是，其独子朱同的下场却被他不幸而言中，最后还是死于朱元璋之手。朱同早在朱元璋进军浙东初期，即立下军功，明初官至礼部侍郎，善诗画，"文才武略，图绘丹青，无所不精，时称为三绝"。宫禁中的画壁上，有很多他的题咏。有一次，朱元璋命他题诗赐宫人，"忽御沟中有流尸，上疑同挑之，将赐死，因念允升请，使自缢"，这就是朱元璋给老臣的所谓"允诺"与"恩赐"！

朱升的悲剧，不能单纯归结为朱元璋个人的品质问题。源远流长的封建专制主义统治，是必定要不断制造出这一类悲剧的。这就是朱升式悲剧愈加让人悲叹的地方。

十五、狂生意气"我"为王

　　朱元璋建立大明王朝时，是何等意气风发！而且他以一种几乎可称为极端的思维，进行了极为严密的封建社会顶层设计，其最大的目的无非是想让自己打下的江山传诸万代。然而不到 300 年的时间，大明王朝就走到了尽头。

　　明亡之时，出现了许多硬骨头的书生，大名鼎鼎的有王夫之、黄宗羲、顾炎武，还不太为人所知的是方以智。在政治上，他们都是伟大的不合作主义者；在思想上，他们又都是杰出的创新主义者。

　　方以智是安庆府桐城县凤仪里（今属枞阳）人，出身士大夫家庭。方氏是桐城地区这一时期主要的世族。曾祖父方学渐，精通医学、理学，并且能学习诸子百家，融会贯通，自成体系。祖父方大镇在万历年间，曾任大理寺左少卿，著有《易意》《诗意》《礼说》《永思录》《幽忠录》等数百卷。外祖父吴应宾，精通释儒，著有《学易全集》《学庸释论》《宗一圣论》《三一斋稿》等。父亲方孔炤，万历四十四年进士，崇祯朝官至湖广巡抚，通医学、地理、军事，并且较早地接触西学，主张研习经世致用的知识，著有《周易时论》《全边略记》《尚书世论》等。《周易时论》被《四库提要》列入存目，这书对方以智影响很大，方一生中经常提到它。

　　几世的家学积累，反复催化，终于孕育了一个奇才横空出世！方以智自幼秉承家学，接受儒家传统教育。他从小由母亲和姑姑一起抚养长大，姑姑方维仪是明大理少卿方大镇之女，姚孙棨之妻，少年寡居。方维仪颇有才气，是当时有名的女诗人，曾随父宦游，见名山大川，历京华胜地，阅西洋之书，颇长见识。除了家学，他的授业老师亦都是当时的著名学者：白瑜长于词赋经史，崇尚实学；王宣则专攻名物训诂和《河》《洛》之学，治学严谨，是当时治《春秋》的大家；傅海峰则是当时的名医。另外，家中藏书丰富，拥有被誉为"两间皆字海，一尽始羲皇"的稽古堂。在这样的环境中，少年时代的方以智受到了浓厚学术氛围的熏陶。由于其祖辈都直接或间接同东林党有关系，他从小也养成了关心时世的习惯。14岁时，曾徒步到数百里外的考场参加会试，以此来磨炼意志。

寄情山水

成年后，方以智载书泛游江淮吴越间，遍访藏书大家，博览群书，四处交游，结识学友。在他的学友中有西洋传教士毕方济与汤若望，从他们那里，方以智阅西洋之书，学习了解了西方近代自然科学，从而更加开阔了视野，丰富了学识。他认为："今天下脊脊多事，海内之人不可不识，四方之势不可不识，山川谣俗，纷乱变故，亦不可不详也。"他曾作诗曰："繁霜如雪孤南征，莫道能无故国情。斥抱揄方始大笑，牵牛负轭总虚名。凌云久动江湖气，杖剑时成风雨声。海内只今信寥落，龙眠山下有狂生。"表达了自己非凡的政治抱负。为谏议皇帝选贤用能，革除弊端，实行改革，方以智曾写了《拟求贤诏》《拟上求治疏》《拟上求读书见人疏》等，决心以襄扶明朝中兴为己任。他曾在《书鹿十一传后》中表示要"挹东海之泽、洗天下之垢"，他也曾与张溥、陈子龙、吴伟业、陈贞慧、吴应箕、侯方域等主盟复社，裁量人物，讽议朝局，被誉为明末"四公子"之一（另三人是陈贞慧、侯方域、冒辟疆），以文章誉望动天下。

方以智不仅极富才情，而且极富血性。其父方孔炤任湖广巡抚时被杨嗣昌弹劾下狱，方以智怀血疏讼冤，方孔炤这才得释，一时传为佳话。

崇祯十三年（1640），30岁的方以智中进士，选为庶吉士，有人向崇祯皇帝推荐方以智，崇祯召对德政殿，方以智"语中机要，上抚几称善"。后在京任工部观政、翰林院检讨、皇子定王和永王的讲官。

崇祯十七年（1644），李自成农民军攻入北京，崇祯皇帝自缢，方以智在崇祯灵前痛哭，被农民军俘获，农民军对他严刑拷打，"两髁骨见"，但他始终不肯投降。不久，李自成兵败山海关，方以智侥幸乘乱南逃，大难不死。当方以智在北京誓死不降农民军之事传入江南时，友人皆把他比拟为文天祥。

方以智辗转奔向南京投奔南明弘光政权，当时权臣阮大铖把持南明弘光朝政，方以智不断受到排挤、迫害，于是不得不改名吴石公，流寓岭南、两广一带以卖药为生。不久，南明隆武帝以原官庶吉士相召，方以智不应，取名"三萍"，浪迹于珠江山水间。清顺治三年（1646），桂王朱由榔称帝于肇庆，改元永历，由于父执瞿式耜的引荐，方以智参与了拥立永历政权的活动，任左中允、少詹事、翰林院侍讲学士，但他很快便发觉桂王政权朝不保夕，名不副实，内则门户纷争，奸人当道，外则与广州绍武政权同室操戈，兵戎相见。这一切使方以智心灰意冷，后被太监王坤诬劾免职，不得不遁迹于少数民族聚居的湘、桂、粤西一带，过着"曲肱茅屋鸡同宿，举火荒村鬼作邻"的生活。当清兵大举南下时，他曾联络东南抗清力量抵抗。1650年，清兵攻陷广西平乐，方以智被捕，清军在方以智的左边放了一件清军的官服，右边放了一把明晃晃的刀，让方以智选择。方以智毫不犹豫，立即奔到右边，表示宁死不降。清朝将领相当欣赏他的气节，于是将他释放。而这，无疑这是中国历史上并不多见的"人性"压倒"兽性"的闪光时刻。

获释后，方以智于顺治七年（1650）披缁为僧，改名弘智，字无可，别号大智、药地、愚者大师等。晚年定居江西庐陵青原山，自称极丸老人。康熙十年（1671），方以智为粤事牵连被捕，解往广东，途经江西万安惶恐滩头时于十月七日（公历11月8日）因疽发而卒于舟中。1972年，当代美国华裔学者余英时在《方以智晚节考》中认为，方以智行至惶恐滩头，想起前朝文天祥事迹，自沉于江殉国。

弘智和尚

方以智不仅以文字音韵考据学家、文学家和经学家的名号著称于时，而且精通数学、天文学、物理学、生物学和医学并多有创见。他还立志邀集专家编译综合百科全书，但这个宏愿未得实现。虽然壮志未酬，但方以智以其壮烈的人文情怀，写下了一个顶天立地的人格形象；又以其广博的知识底蕴，在许多思想领域闯出了一条新路。可以说，他对"书生"一词，做了几乎堪称完美的诠释。

方以智所处的时代，稍晚于欧洲文艺复兴时期，又稍早于欧洲启蒙运动时期，众所周知，无论是文艺复兴还是启蒙运动，都在欧洲催生出大批百科全书式人物，如达·芬奇、狄德罗、孟德斯鸠、赫尔巴哈，而与他们相比，方以智一点也不逊色，堪称中国早期启蒙思想史上最卓著的百科全书式人物。

当代学者侯外庐指出："方以智是以当时的圣人、集大成者、通人自居，是以大科学家和大哲学家自豪。"他对于世界认识的唯物主义的态度显然同中世纪宋、明的正宗道学家的态度相反，他对于新世界曙光探索的意识亦与中世纪科举文士束缚于小天井的偶像意识截然有别。侯外庐还深入方以智的内心，充分注意到"方以智一再表示他是屈原、贾谊型的人物，甚至自状他是不能有事于功业的'废人'或'恬退人',但他却自豪他能从一切文化方面'通古今,识时务',荟萃古今天下的智慧,而'观天下之变','宇现人间宙观世'!一切都可能安排在至善至美的境地或乐园,然而他在这样恶浊的俗世却无能为力,始而远游,继而逍遥,终而伪装逃佛"。

方以智的博学,主要表现在他的《通雅》和《物理小识》中。在《通雅》卷首,他这样写道:"古今以智相积,而我生其后。考古可以决今,而不可泥古也……生今之世,承诸圣之表章,经群英之辩难,我得以坐集千古之智,折中其间,岂不幸乎?"表明写作《通雅》为了把当时的各种知识融会贯通起来。在此基础上,打破儒、佛、道三教的界限,如他所言:"教无谓三也,一而三、三而一者也。譬之大宅然,虽有堂奥楼阁之区分,其实一宅也,门径相殊而通相为用者也。"主张综合各家所长,不以一说为限。

更为重要的是,方以智所吸取的知识并不限于三教,还包括了刚刚传入的西学。这充分反映了他的见识和格局。方以智提出要学习西方传入的自然科学知识,他把当时来华的传教士比喻为春秋时的郯子。据说郯子来到鲁国,介绍了他祖先的历史,孔子曾向他学习。方以智认为传教士带来的西学中有可取之处,他曾与德国传教士汤若望共同探讨过天文学。据统计,《物理小识》中约有5%的篇幅援引的是传教士的资料,《通雅》一书对传教士的资料也有零星引用。方以智并非盲目引用西学,而是有选择的。如《物理小识》卷三《人身类》记载有人体骨骼、肌肉的种类,内容基本来于汤若望的《主制群征》,而将其中有关上帝创造世界的说教予以删除。

方以智提出了"火"一元论体系。他说:"天恒动,人生亦恒动,皆火为之也。"把"火"作为抽象的哲学概念,是方氏家学的特点。方以智的祖父方大镇和父亲方孔炤在著述中,都以火作为事物统一与变化的基础,对方以智自然观的形成产生了影响。另外,这种观点也是受到了中医理论的启发,金元四大医学家之一朱震亨就提出过类似观点。方以智在《物理小识》中专门写了《火》《水火反因》《火与元气说》等篇,对火作了论述。归纳起来包括:第一,火是物质性的存在;第二,火具有运动化生的属性;第三,火具有内在的矛盾性。方以智也谈气,"一切物,皆气所为也。空,皆气所实也,物有则空亦有。"在他看来,气与火同,他是把气与火统一起来,说明物质的特性。这也充分反映了他唯物主义的立场。

方以智的思想长期无人重视。他与黄宗羲、王夫之曾有交往，但黄宗羲《明儒学案》并没有收入方以智。《清史稿》以他入遁佛门而将他记入《隐逸传》。方以智的重新引起关注，缘于他著述的一本手抄本《东西均》于1962年被发现。此前，人们隐约听说过点他的一些故事，知道他是一位明末思想家和科学家，他早于鲁迅等人200多年提出过一个汉语拉丁化（拼音化）的主张……

近半个世纪以来，方以智留下的100多种宏富著作被不断发掘和整理，人们越来越发现这是一个被埋没了的旷世奇才。以今天的眼光看来，他的思想在当时具有相当的超前性和现代性。如他在遗著《东西均》中，把他极尽深邃驳杂的思想，竟表述为一个今人在电脑符号和麻将游戏中还能见到的"∴"。

学者秋水在《天地真龙方以智》一文中，结合明末的反清组织"天地会"的起源之谜，对方以智的这个"∴"做了有趣的解读：

在方以智的哲学观念里，上一点是虚拟设象，表示鸿蒙初辟，称"绝无对待"，无极衍生太极贯行阴阳而无形；下两点为"相对待"，日月轮转，乾坤倒置，这不正是反清志士心目中地覆天翻的革命宗旨？江湖言传："红花绿叶白莲藕，三教祖庭是一家"，说的是近世华人所有社团都源出明末清初的天地会。如果说在几百年的时间传承中缕缕不绝的民间社会也需要一个理论指导的话，那么，这个精神导师只能是方以智。在明清时代，唯有他才惊世骇俗地提出过一个"三教（儒佛道）合一"的主张而不被理解。

……今天我们在麻将游戏中常见的这个∴，大至无限，可以看作太阳系内宇宙星球运行的缩微图画；小到极致，是世间万物"相反相因而相成"的隐性变化辩证规律；汉语中的"天地"一词，本指生命和对创造生命环境的尊重，如我们今天还说"开辟了××新天地"，新人结合缔造新生命至今还有"拜天地"的习俗。后世天地会崇"三"，正因"天、地、人"排序中，人至为尊贵！

从以上趣解中，更可以看出方以智思想的深邃与迷人。方以智自己强调，他的思想是极高深又极其浅显的，而这极高深又极浅显，不正是一种通天达地的大智慧吗？

十六、绵绵探索无尽期

明中后期，新安理学阵容萎缩，渐成衰竭之势，新安经学随之崛起。在这个过程中，江永成为重要的过渡人物。

江永（1681—1762），字慎修，又字慎斋，徽州婺源人，清代著名经学家、音韵学家、天文学家和数学家，皖派经学创始人。

在江永 82 年的一生中，不尚周游，亦鄙薄功名，不乐仕进。婺源知县曾举荐推贤，江永以年老辞谢。主要在家授徒讲学，蛰居乡里，潜修砥行。他经常将一年所得的"束脩"全部用来购买书籍，最终精通"经艺"。其早年所学与用心，尚未出新安理学家的窠臼，即围绕几部经书做学问。而《礼书纲目》一书，对新安理学传统学风的继承更加明显。广收材料，数易其稿，"实足终朱子未竟之绪"。然而，江永毕竟处在清初学术界"汉学"替代"宋学"的潮流中，相较之新安理学先儒，他又有注重考证、不

江永

务空谈的特点。江永治学突出表现为"经世致用"。"经世致用"在学术上即如实地把握研究对象，科学地探求真理，使其为世所用。他受顾炎武"凡文之不关六经之旨，当世之务者一切不为"思想的影响，努力从古书中寻求对现实有用的东西，以所学所识于世有所裨益。在治学之道上，江永要求做到"博""精""新"。他一生写下了大量的著作，据不完全统计，约有 39 种凡 260 余卷。由于其学术特点及其对天文、地理、声韵等多方面的研究成果，后人将其视为新安经学的"开宗"。

随着时代的发展，到了江永的学生戴震那里，已经彻底摆脱了新安理学的宗旨"朱子学"的束缚，树立了经学的旗帜，也就标志着新安理学向经学演变过程的最终完成。

戴震（1724—1777），著名语言文字学家、自然科学家、哲学家、思想家，字东原，一字慎修，号杲溪，休宁隆阜（今安徽屯溪）人。

据说戴震 10 岁的时候才会说话，大概是聪明积累得太久的缘故吧。跟随老师读书，看一遍就能背下来，每天不背几千字便不肯停下来。老师教《大学章句》教到《右经一章》时，戴震问老师："这凭什么知道是孔子的话，而由曾子记述？又怎么知道是曾子的意思，而由他的学生记下来的呢？"

老师回答他说："这是朱熹说的。"

他马上问："朱文公是什么时候的人？"

老师回答他说："宋朝人。"

戴震又问老师："曾子、孔子是什么时候的人？"

老师说："周朝人。"

戴震追问道："周朝和宋朝相隔多少年？"

老师说："差不多两千年了。"

戴震问老师："既然这样，那么朱熹怎么知道？"

老师没有什么可以拿来回答，于是感叹说："这不是一般的孩子。"

18 岁时，戴震因家境困难辍学，随父前往江西南丰，以贩布为生，其间曾一度在邵武设馆讲学。20 岁返乡，拜婺源名儒江永为师研究学术，并往南京族人戴瀚处学习八股时文。28 岁补县学诸生。33 岁避仇人而入京城，寄居徽州会馆，在艰苦环境下钻研。1762 年考中举人，其后六次参加进士考试，由于思想观念与程朱理学不尽吻合，均未及第。51 岁时，经《四库全书》总编纂纪昀推荐，入《四库全书》馆为专职纂修官。53 岁被赐同进士出身，授翰林院庶吉士职务。不久，因为劳累过度而患病，又被庸医误诊，不幸病逝于北京崇文门西的范氏颖园，灵枢由夫人率子运回故乡安葬。

戴 震

　　戴震是中国思想史上具有重大影响的一代宗师，他学识渊博，天文、历算、历史、地理、音韵、训诂……无不精通，当他初入京城时，在京著名学者纪昀、钱大昕、王鸣盛等人都为戴震学问的渊博而折服，"叩其学，听其言，观其书，莫不击节叹赏"，戴震的思想深度和学术水平无疑是中国18世纪的翘楚。然而，一代宗师的一生却是悲剧性的，直到晚年已经誉满海内时，仍然一贫如洗，他的学生段玉裁感叹道："先生之才，而不公卿，礼乐黼黼，以光太平。"戴震逝世后，学者王昶撰《戴东源先生墓志铭》、钱大昕撰《戴震先生传》、洪榜撰《戴东原先生行状》、门生金坛与段玉裁编《戴东原先生年谱》，详细地记述了戴震一生的坎坷和治学情况。

　　作为"乾嘉朴学"的领袖，戴震的治学原则实际上就是"回到语言本身"。他一生遵循"由声音文字求训，由训诂以寻义理"的方法，以"小学"（即语言学）为基础，从音韵训诂、字义名物、典章制度等方面，阐明经典大义，在很多方面都做出了创造性的贡献。比如，他以《广韵》为底本，创立古韵9类25部学说和阳、阴、入对转达理论。他将《永乐大典》中《九章》等7种算经加以整理，撰《迎日推策记》一卷，总结了历代的数学成果。

　　如果说江永是理学向经学过渡期的集大成者，那么戴震就是声名显赫的经学大师。他对经书和其他古代经典做了创造性的疏证，主要著作有《原善》《孟子字义疏证》《礼仪考正》《中庸补注》《方言疏证》《古历考》《考工图记》《水地记》《勾股割圜记》《绪言》等50余种。戴震还主持纂修了《汾州府志》，成为后代修志人员参考的范本。后人揖有《戴氏遗书》16种59卷。

　　就像童年时的那个发问一样，在戴震的著述中，展示了许许多多的"不一般"，最显著的就是有很多运用近代科学方法的典型范例。如区别《水经注》经文注文的四大义例，便是用归纳法总结出来的条例。细察《孟子字义疏证》，几乎每个章节都采用了《几何原本》中的定义、公理、证明、演绎推理等逻辑程序，以前提为依据，层层展开，重重生发，环环相扣，至终不绝，致使全书层次分明，结构严密，快捷明透，浑然一体，显示出强大的逻辑力量。《孟子字义疏证》中逻辑方法的运用，标志着戴震在思维方式上已突破传统而迈向近代。更加难能可贵的是戴震的思想解放色彩。他以"理欲一元"的论说，打破了程朱理学"理欲二元论"的藩篱，并且视程朱之"理"为专制主义的"残杀之具"。其视个体为真实、批判程朱理学的思想，对晚清以来的学术思潮产生了深远影响。梁启超称之为"前清学者第一人"，胡适称之为中国近代科学界的先驱者。

戴震治学态度严谨，明确地提出了"学贵精不贵博"的口号。著书常常因为反复探讨、取证、研究而"不厌删改"，删改时间长达数年，乃至数十年并不鲜见。"治学不为媚时语，独寻真知启后人。"这是他的夫子自道，也是他学术生涯的光辉写照。

1924 年，戴震诞辰 200 周年之际，在戴震故居——摇碧楼设立戴氏东原图书馆，后改成戴震纪念馆。屯溪戴震公园就也以戴震命名。

继江永和戴震之后，徽州人的学术探索奇迹还在继续。当我们翻开马克思的经典著作《资本论》时，会看到一个中国人的名字——王茂荫，他是《资本论》里唯一提到的中国人。

王茂荫何许人？马克思为何会提及王茂荫？

王茂荫（1798—1865），字椿年，出生于歙县的一个徽商家庭。他幼年入私塾，读书非常勤勉。据说他像农人一样，太阳刚一出就赶去私塾读书，到暮色茫茫才念念有词地从私塾里走出来。私塾之后，他就读于县城紫阳书院。徽州人具有商业头脑，家里也反对他死读书，于是在道光十年（1830），长辈决定让他赴潞河管理茶庄店务。他边管理边读书，第二年即以监生资格应京兆试，中了举人。过一年再参加会试，又高中进士，备官户部。

但在此后长达 15 年的时间内，他都是在户部任"主事""行走"一类的微职。直到 50 岁才被升补为户部贵州司员外郎，其后擢升为户部右侍郎兼管钱法堂事务，成为清廷主管财政货币事务的重要官员。值得一提的是，王茂荫任京官前后达 30 年，历道光、咸丰、同治三朝，一直没有携眷属随任，在京城里，一人独居歙县会馆，以两袖清风、直言敢谏闻名。

在清咸丰年间，他曾经十分引人瞩目，这是因为他富有创见地提出了货币改革措施，当然也碰了个大钉子。

咸丰元年（1851），太平天国起义之后，清政府的财政、货币危机加剧。

这年9月，王茂荫在陕西道监察御史任内给咸丰帝上了《条议钞法折》，正式提出了改革币制、缓和危机的主张，即有限制地发行可兑换的钱币。

他认为，发行（宝）钞、（官）票可能会出现一些弊端，因此要使宝钞、官票在民间有信用，能顺利流通，必须注意防止不良后果。他提出防弊措施主要有三条：一、只是用以辅助金属铸币之不足，而不是代替金属币，钱币发行后，金属币不但不退出流通，而且要以若干倍于钱币的数量和宝钞、官票一道流通（这实际是强调所发行的钞币必须以金属币为本位）。二、不可滥发，必须有个"定数"。三、所发行

王茂荫

的宝钞、官票必须可以随时兑取现银现钱。

王茂荫发行宝钞、官票，符合那个时代货币的运营规律。但是，由于他的行钞方案与清政府搜刮民财的方针是相悖的，所以未被采纳。

清政府于1853年5月发行了民间无法向政府兑现成白银的"户部官票"，同年底又发行了同类性质的"大清宝钞"和各类大钱，使通货膨胀愈演愈烈。一时间，京城物价飞涨，民怨鼎沸，百姓便将钞票戏称为"吵票"。

面对如此局面，王茂荫焦虑不安，苦思补救对策。咸丰四年（1854）三月初五，他向咸丰皇帝上了《再议钞法折》，敢于直言，切中时弊，目的是为了"通商情，利运转"。《再议钞法折》，实际上是他关于改革币制、缓和危机的第二方案。这个方案中提了四条补救措施，集中到一点，即坚持主张将不兑现的官票、宝钞改为可兑现的钞票，反对铸造当百和当千等项大钱的主张。十分可贵的是，他对物价规律和投放货币之间的关系有着较为清醒的认

识。他是试图用兑现的办法来刹住继续增发不兑现纸币的势头，制止通货膨胀，以挽回纸币的信用。

可是，当时清政府财源枯竭，银根奇紧，根本没有能力准允纸币兑现。咸丰看了这个奏折之后，大发雷霆，在这一年三月初八日下谕道："王茂荫由户部司员，只知以专利商贾之词，率行渎奏，竟置国事于不问，殊属不知大体。复自请严议，以谢天下，尤属胆大。如是欺罔，岂能逃朕洞鉴耶？"

这里，皇上严词指斥王茂荫只顾着商人的利益，而把皇上的利益搁在一边了，真是太不关心国事了。随后大臣们在审议报告中又对王茂荫指责了一通。马克思在《资本论》第一卷第一篇第三章注八十三中所说的"清朝户部右侍郎王茂荫向天子上了一个奏折，主张暗将官票宝钞改为可兑现的钞票。在1854年4月的大臣审议报告中，他受到严厉申斥"，指的就是这件事。

王茂荫的货币改革思想、深察民情的作风、敢于冒犯龙颜的骨气、为官清廉的人格，都是十分难得的。华东师范大学历史系教授王家范评价说："王茂荫基于对国家、对民族负责的态度，从实际出发，对政府发行具有纸币性质'官票'的运作流通过程，作了极周全的应对考虑，希望力避负面影响，确实是一位具有经济头脑的务实派官员。他卓越的经济识见，虽不为当权者采纳，但在中国经济思想史上却有显要的地位；不说超前，至少在同时代人中是出类拔萃的。"上海社会科学院研究员周武指出："王茂荫货币改革措施，尽管被清廷否决了，但是他的货币改革理论，属于当时最先进、最务实的货币理论。他提出了货币发行务必控制总量的理论阐述，总结了历代纸币发行的弊端，提出了金属币与纸币务必形成合理比例的量化概念，可以有效地抑制通货膨胀，避免财政危机，兼顾了国家、商人和一般百姓的利益。假设没有马克思《资本论》的注释，王茂荫其人其货币理论，可能就不会进入中国学术界研究者的视野。王茂荫也许就成为一个被湮没的人物了。"

王茂荫本人倒是一个相当豁达之人。他在晚年常说："我以书籍传子孙，胜过良田百亩；我以德名留给后人，胜过黄金万镒。本人无需什么，两袖清风足矣。"

　　王茂荫故居今天依旧保存在歙县城南义成村，宅院建于清代中叶，非常简陋，门外没有显赫的装饰物，仅在门口两旁有两只石鼓。唯一说明宅院身份的，便是厅屋"高仁堂"的匾额为李鸿章手书。王茂荫的后代没有做官的，作为徽商家族，他们大多在外经商，漂流远方。据史料记载，1900年八国联军镇压义和团时，王茂荫的儿子王铭慎在北京经营的茶庄毁于兵火，王铭慎怀抱账簿在火海中与开业120年的茶庄同归于尽。

十七、意见领袖唯务实

　　近代的方以智和戴震，已经在江淮大地上，为一个命运多舛的民族开启了看世界的"天眼"。随着晚清中国堕入半殖民地半封建社会的深渊，另一批活动在江淮大地上的皖人，或敲响了关注西方的警钟，或吹响了向西方学习的号角。这其中的代表人物是包世臣、李鸿章和孙家鼐。

　　包世臣（1775—1855），书法家、书学理论家，字慎伯，泾县人。因为泾县古属安吴，人多称其为"包安吴"。代表作为《安吴四种》（包括《中衢一勺》《艺舟双楫》《管情三义》《齐民四术》）36 卷。

　　套用今天的话语来说，包世臣算得上是当时的大知识分子和"意见领袖"，他的博学和睿智，在那个时代罕有人及。回顾他的学问养成史，则带着传统国学和现实思考相交融的深深烙印。

　　包世臣出身于"食贫居贱"的下层封建知识分子家庭，少年受到

包世臣

较良好的家学教育。他"资质绝人""精熟经史",而且善于独立思考,读书"必使自明其义",甚至对前人的注解,认为往往"多不可靠"。因其父包郡学患病,家境困迫,曾参加过一个时期的农业劳动,租地10亩,种植蔬菜,售卖瓜果,"以给饘粥汤药"。在农业劳动中,他刻苦自学了丰富的农业知识,而且也真切地了解了民间疾苦,对农民"愁叹盈室,冻馁相望"深表忧念,从而促使他"心求所以振起而补救之"。嘉庆十三年(1808),包世臣中举人。从23岁到57岁,他长期充当清朝官府的幕僚,直到64岁,即道光十八年(1838),才在江西新余当过知县。虽有"惠政",但一年多却被排斥罢官。

包世臣毕生留心"经世之学",也就是实用知识,他对漕运、水利、盐务、农业、民俗、刑法、军事等,都曾悉心研究,并亲临考察调查。东南大吏每遇兵、荒、河、漕、盐诸重要政事,经常向他咨询,因此名满江淮。鸦片战争时期,他对西方列强侵略中国和民间反抗斗争曾有过详细的记述,颇具卓见。

包世臣在所著的《齐民四术》中,谈农、谈水、谈宅、谈兵,涉及许多技术细节,实用性极强,和中国"以文载道"的传统大相径庭。如谈农部分,他说到了谷类辨别、水土利用、育种经验、庄稼护理、蚕桑养殖、家畜放牧、庭院蒔花等等,丝毫没有陈腐腔调,句句简明而实用,有的观点在今天仍有参考价值。

尽管包世臣谙熟救世之道,是许多封疆大吏重视的"全才"幕僚,被视为当时中国最负盛名的思想家、经济学家和战略家,但官运不佳,只做了一年七品芝麻官,他的经历和影响证明了"官场一时红,文章千古在"的哲理。

除了学问和见识外,包世臣的爱国意识和忧患意识也让人感佩。早在1820年写作的《庚辰杂著》中,包世臣就首先指出"鸦片耗银于外夷"的经济危机问题,其观点很快风靡全国,几年后便成为清朝官场上的常识。在这篇文章中他还指出,英国人"屡次骄蹇,皆洋商(广东十三行商人)嗾之,而边镇文武和之……反张夷威以恫喝中外"。包世臣建议,"但绝夷舶,即自拔本塞源",应当"裁撤各海关",但并不断绝外贸,而是派"商人携不禁货物,赴彼回市",让中国商人直接到外国去做生意,而禁止外国商人踏上中国土地。包世臣认为,这样一来,"关撤则洋商(广东十三行商人)罢,夷目

（外国官员）无汉奸为谋主，自必驯贴"。

1825 年，包世臣应两广总督兼粤海关监督阮元之邀，前往广州担任其幕僚。1828 年，包世臣发现英国对中国的威胁比原先判断的大，在给广东按察使姚亮甫的信中，他很清醒地预言到，如果不及早采取反制措施，十几年后，鸦片泛滥必然导致白银枯竭，白银枯竭必然迫使清政府严禁鸦片，严禁鸦片必然遭到垄断鸦片走私的广东十三行的激烈反对，广东十三行的反对方式必然是唆使英军入侵中国。英国征服新加坡之后，获得了一些海外华人的合作，这些海外华人与华南汉人没有区别，可以很容易地深入中国内地，为英方提供情报和鸦片销售渠道。加之广东水军严重腐败，普遍参与鸦片走私并以此为主要收入来源，必然不会积极抵抗英军入侵。在海外华人与广东水师的里应外合之下，英军入侵必然取胜，大清帝国必败无疑，道光皇帝肯定要为此寝食难安。应该说，包世臣在这个问题上思路清晰，分析透彻，预言精准，无怪乎他能够以"通才"的盛名享誉海内，"每出一文，世人争相传阅"了。

1838 年，当林则徐奉命赴粤禁烟路过江西南昌时，包世臣为其出谋献计，建议林则徐到广东以后，一定要招募那些熟悉水性并具有爱国心的渔民和壮勇，让这些人充任水师，抵抗英军侵略。他还提出要抓紧修理珠江沿岸的炮台，巩固海防，并加强对长江要塞的防务措施，以防止敌军向长江下游侵犯。他的这些意见，对林则徐禁烟抗英曾起到一定的参考作用。

英军北犯，兵临江宁（南京）城下，包世臣向清政府呈上匆匆写就的《歼夷疏》，建议：一、诱敌赴宴，歼夷头目。可在城内设宴，请英军的高级军官，在静海寺设宴，请英军一般军官，约定时日，待其赴宴，趁其不备，将英军大小头目全部逮捕。二、组织敢死队，炸毁敌舰。他提出从驻在江宁的外籍清军中，挑选有爱国心而又有智勇双全的士兵二百名，组成敢死队，趁宴请英国军官之机派敢死队以运送柴草给英军为名，混上兵舰，再将隐藏在柴担内装有炸药的铁桶取出，引火炸毁敌舰。三、调集精锐兵力，发动突然袭击。在实施前两项计划的同时，派出精兵良将，出太平门、神策门，袭击驻在蟠龙山、迈皋桥、白土山一带的英国侵略军。他认为如果能这样水陆并发，加之沿江上下各地清军与民众的配合，就一定能够"万逆同歼，片帆不返"，这样一来，就能使我方"转祸为福，振威雪耻"。但是，清政府在南京主持"和谈"的投降派，对于包世臣的正确意见置若罔闻，他们用"不宜失信夷人"为由，完全拒绝了包世臣的歼夷方案。

不久，清政府在下关江面英舰"康华丽号"上签订了丧权辱国的《南京条约》。这一消息传来，包世臣悲愤交加，异常失望。他本想将《歼夷疏》付之一炬，但转念一想，"夷氛"尚在，留存其稿，可以"一朝缓急之采择"。因此，《歼夷疏》被保存下来了，它成了中国人民坚决抗击英国侵略军的一份珍贵历史文献。

包世臣晚年的生活极其穷困，以卖文为生，但是他的爱国之心却始终未泯。1842 年 11 月 20 日（道光二十二年十月十八日），包世臣再次上书，如实地反映了当时南京人民抗英斗争的英勇事迹，留下了难得的史料。例如 1842年 8 月初，当英国侵略舰到达南京江面时，汉奸结伙 2000 多人，肆掠各乡，为虎作伥，花山（即句容北部的华山）住持僧统率大小僧人 200 多名，拒敌于山下，"立毙四五百人，余匪逃窜"，"而四十八村社民追杀之殆尽"。不久，夷船大集，派遣侵略军登陆侵扰神策、太平门外的村庄，占据卖糕桥（迈皋桥）。在距英军营垒近二里处有一座嘉善寺，在寺内避难的妇女儿童多达千人。英国侵略军到处烧杀抢掠，当窜至嘉善寺时，该寺的住持僧带领僧众，手持刀、剑、棒等武器抗敌于山门外。英军面对这批奋不顾身的僧众，惊恐万状，纷纷败退。此后 50 多天，英军再也不敢到嘉善寺骚扰。包世臣列举了南京民众英勇抗击侵略军的事例之后，指出"节义本于民性"，建议"鼓其气而用之"。他坚决主张清政府依靠民众，抵抗英国和一切外来侵略。他相信，中国人民一定会起来打败侵略者，重振国威。历史说明包世臣的这个看法是正确的。

生逢大动荡的年代，包世臣郁郁不得志，但穿越时空的远见卓识和光照丹青的爱国情怀，使他在中国思想史上牢牢地占据了一席之地。

十八、近代先驱多彷徨

　　李鸿章（1823—1901），晚清军政重臣，淮系的灵魂人物，洋务运动的主要倡导者，字子黻、渐甫，号少荃、仪叟，安徽合肥人。

　　道光二十七年（1847），李鸿章中进士。同时，受业曾国藩门下，讲求经世之学。咸丰三年（1853）回籍办团练，抵抗太平军。1858 年冬，成为曾国

李鸿章

藩幕僚。1861 年受曾国藩之命，在合肥以团练为基础编练淮军 7000 人。任江苏巡抚期间，李鸿章大力扩军，采用西方新式枪炮，使淮军在两年内增至六七万人，成为清军中装备精良、战斗力较强的一支地方武装。此后数年，李鸿章主要精力用于剿杀太平天国和捻军。1870 年，李鸿章继曾国藩任直隶总督兼北洋通商大臣，从此控制北洋达 25 年之久，并参与掌管清政府外交、军事、经济大权，成为清末权势最为显赫的封疆大吏。

从 19 世纪 60 年代起，李鸿章积极筹建新式军事工业，仿造外国船炮，创立了江南机器制造总局和金陵机器制造局。1872 年以后又以"官督商办"的形式创办了一系列民用企业。同时，着手筹办北洋海防，于光绪十四年（1888）建成北洋海军。他还创办各类新式学堂，派人赴欧美留学。所有这些洋务事业，对近代中国社会的发展产生了深远的影响。

中外力量对比悬殊的格局，使李鸿章在对外交涉中始终采用"委曲求全"的方针，代表清政府签订了《中英烟台条约》《中法新约》《马关条约》《中俄密约》《辛丑条约》等一系列丧权辱国的条约，并曾以头等钦差大臣的身份，出使西洋七国，但基本上无功而返。1901 年 11 月卒，谥文忠。

身处危机四伏、矛盾深重的时代，李鸿章的性格特征也不可避免地呈现出复杂的矛盾性和多样性。

一是"血性"与"忠诚"的矛盾。早年李鸿章以书生带兵，留下的是"专以浪战为能"的记录，还曾因恩师曾国藩待友李元度不公而一度脱离曾府。但这样一种血性，慢慢地就被曾国藩以"诚"字消解掉了。如李爱睡懒觉，曾则每日清晨必等幕僚到齐后方肯用餐，逼李早起；又李好讲虚夸大言以哗众取宠，曾多次正言相诫。一次，曾国藩问李鸿章怎样与洋人交涉，李回答不管洋人说什么，只同他打"痞子腔"。曾沉默良久说："依我看来，还是在于一个'诚'字。"李鸿章顿表衷心接受，此后严加奉行。他任北洋大臣时，应德国海军将领之邀参观军舰，不巧参观那天刮大风，德方便建议取消。不料李鸿章为显诚意，只带一名翻译乘小艇到达德舰，令德方感动不已。可以说，失却血性之后的李鸿章，逐渐成为一个日薄西山的帝国的谨小慎微的看门人；而在列强眼里，他诚信、可靠，甚至有几分迂腐——如此"温柔敦厚"的对手夫复何求？

　　二是"重任"与"琐屑"的矛盾。李鸿章是有大抱负的，曾写下"一万年来谁著史，三千里外觅封侯"等雄奇诗句。李鸿章又是敢于担当的，英国学者福尔索姆指出："鉴于大多数中国官员逃避责任，李似乎是追求责任，他从不逃避不愉快的任务，并总能指望他采取主动。"但李鸿章的精力和才华，也都消耗在繁复的事务性工作去了。这一方面是由于封建体制的"制度性内耗"，另一方面也由于他本身的"见识性缺陷"。有人甚至毫不留情地指出："凡是只要阅读过李鸿章的奏稿、家书、朋僚信函达三十份以上的人，基本上就可以判断出李鸿章这个人实际上是个典型的'小公务员'素质！……他的所有文稿几乎都表达出他非常在乎具体事件的拉杂算计和功于小心计，始终透出了一种对上和对外的个人猥琐人格气质。"

　　三是"改造"与"裱糊"的矛盾。李鸿章自有其因循守旧的一面，但他绝不是腐儒，他虚心向洋人学习，以实干精神积极操办洋务，成为中国近代化的先行者之一。在器物文明方面，李鸿章敢于拿来，敢于创新；但在政治方面却相当保守，直到风烛残年，所能接受的极限也不过是半吊子的君主立宪而已，还没达到改良的层次。正如李鸿章自己所说，终其一生，他"只是一个裱糊匠，面对一个破屋只知修葺却不能改造"，既不能，也不愿，更不敢。

　　毛泽东曾说晚清政府与李鸿章的关系是"水浅而舟大也"。李鸿章这艘航船曾迎着朝阳，豪情万丈地张开风帆；但由于自身不可克服的弱点，再加上处处受制、时时碰壁，只好满怀惆怅地驶向夕阳，留下了孤独而凄凉的背影……

　　李鸿章的近代化思想是富有代表性的。早在1864年，他就给总理衙门写了一封长信，有三千余字。这封信是近代中国对西方做出"反应"的重要文献，是洋务思潮最初的表现，自然也是中国近代思想史上的重要文本之一。

　　此信虽长，看似松散，却有严密的内在逻辑。更重要的是，从中可以看到一种新知识引进的观念变化。在此信的前半部分，李鸿章对炸炮、炸弹和蒸汽机做了详细介绍，其绘声绘色、浅显直观，犹如一个对新奇之物初有所知的小学生在向其他"小朋友"耐心讲解。从中可以看出当年那些还比较开明的王公大臣，开始"睁眼看世界"时懵懂初开的幼稚，亦可看出他们想了解"奇技"奥秘的迫切心情，而这与当时社会上下大多数人仍将"奇技"视为"淫巧"形成了鲜明对照。

李鸿章在介绍完"洋器"之后，便顺理成章地开始探触到"洋器"背后更深的知识和技术背景，虽然浅白，却是中国官员对"西学"的知识谱系的认识进一步深化的标志。而且，他开始把中西之"学"的某些方面做一比较，也是中西文化比较的重要标志。他强调"天下事穷则变，变则通。中国士大夫沉浸于章句小楷之积习，武夫悍卒又多粗蠢而不加细心，以致所用非所学，所学非所用。无事则嗤外国之利器为奇技淫巧，以为不必学。有事则惊外国之利器为变怪神奇，以为不能学。不知洋人视火器为身心性命之学者，已数百年，一旦豁然贯通，参阴阳而配造化，实有指挥如意、从心所欲之快"。他进一步指出，这种制器之学在西方发达的原因之一，是"其创制之员匠，则举国尊崇之，而不以曲艺相待"。而制器之学在中国的知识谱系中从不能列为"正宗"，所以其"创制之员匠"地位低下，几乎与戏子差不多。他不得不说"中国文武制度，事事远出西人之上"，但目的是为了强调"独火器万不能及"；而强调"火器万不能及"的目的则是为了指出中西不同的另一原因，即中国传统"理"与"事"分离："儒者明其理，匠人习其事，造诣两不相谋，故功效不能相并。"相反，西学则不仅能"造"而且求"通"，"通"即"理"也。也就是说，其实西方更符合中国传统理想的"理事相通"，所以"制器"才能发达。"制器"，并非中国传统鄙视的"形下之器"，而是有深刻的"道理"蕴寓其中。

其时日本"开国"向西方学习未久，但李鸿章已感到日本的崛起在即，故以日本为例鞭策国人：日本前些年也为英法等国侵略，但现在"日本君臣发愤为雄，选宗室及大臣子弟之聪秀者，往西国制器厂师习各艺。又购制器之器，在本国制习，现在已能驾驶轮船，造放炸炮"。此时国人大都仍视日本为不足道的"蕞尔岛国"，而李鸿章却已看到日本今后将对中国造成严重威胁："夫今之日本，即明之倭寇也。距西国远，而距中国近。我有以自立，则将附丽于我，窥伺西人之短长。我无以自强，则将效尤于彼，分西人之利薮。"历史果真被李鸿章的后一种预言不幸而言中，迅速强大的日本后来成为侵略中国的最疯狂的敌人！

李鸿章痛心国人对世界大势蒙昧无知，拒不变革，语重心长地引用苏东坡的话说：变革"言之于无事之时，足以有为，而恒苦于不信。言之于有事之时，足以见信，而已苦于无及"。也就是说，当形势从容足可以变革时，人们总不相信危机在即，因此拒不改革；直到危机来临时，人们才相信应当变革，只是这时往往已没有时间了。纵观晚清历史，清政府就是这样被形势步步紧逼，一误再误，最终丧失变革图存机会的。

最后，李鸿章指出："中国欲自强，则莫如学习外国利器；欲学习外国利器，则莫如觅制器之器，师其法而不必尽用其人。欲觅制器之器与制器之人，则或专设一科取士。士终身悬以为富贵功名之鹄，则业可成，艺可精，而才亦可集。"显而易见，"觅制器之器"自然要有"制器之人"，而中国传统考八股文章的科举制度根本培养不出"制器"之人，因此他提出在科举考试中应把自然科学知识"专设一科"，以培养"制器之人"。这在当时是惊世骇俗之论，恭亲王奕䜣在呈皇上的奏折中对此也只字不提。然而40余年后，科举终被完全废除，不知在白白浪费40年时光后，人们是否想起李鸿章的这番建议。

1865年创办"江南制造总局"的时候，李鸿章之所以没有像此前办的"洋炮局""军械所"那样，名正言顺地给工厂冠以军工之名，其原因就在于他认识到"洋务"迟早要突破"求强"的"军工"范围，进入"求富"的"民用"领域，这种认识极为超前。他明确写到军工只是目前的救急之用，因"机器制造一事，为今日御侮之资，自强之本"，而更根本的目的还在于民用以"求富"。他在给朝廷的奏折中写道："臣料数十年后，中国富农大贾，必有仿造洋机器制作以自求利益者，官法无从为之区处。"在此，他预言了一个社会大变革的时代即将来临。须知，当时连恭亲王和曾、左等实权人物为直接挽救清政府而创办官营军工企业都阻力重重，更无法想象民间可以用大机器生产日用品以谋利了。而李鸿章却认识到了大机器是"有裨民生日用，原不专为军火而设"，而且民间必然要用机器生产以"自求利益"且官方无法阻拦这一历史趋势，确实识见深远。

李鸿章指出："中国文物制度，迥异外洋之俗，所以郅治保邦、固丕基于勿坏者，固自有在。"中国传统政治制度、伦理纲常等均超过"外洋之俗"，只有机器技艺不如西方。而"经国之略，有全体，有偏端，有本有末"，中国文化是"全体"应该为"本"，西方技艺是"偏端"应该为"末"，所以学习机器制造并不会伤害中国之本，不必担心"中学"之"本"会因此受到伤害。这就是洋务派对反对学习西方机器技艺的顽固派的回答和反驳。

紧接李鸿章之后，洋务派的另一重臣左宗棠于 1866 年底创办了近代中国最早、规模最大的专业造船企业"福州船政局"。但左宗棠不久被调任陕甘总督，于是由沈葆桢出任福州船政大臣，在沈的经管下，福州船政局发展迅速。1869 年 6 月，该厂建造的第一艘轮船"万年清"号下水。到 1871 年底，该厂又陆续建造了"湄云""福星""伏波""安澜""镇海"等船。正当造船事业顺利发展的时候，顽固派官僚、内阁学士宋晋于 1872 年 1 月 23 日上奏，要求停止造船。他的理由是现在国家财政困难，而仅福州船政局由于连年造船，听说经费已拨用至四五百万两，"糜费太重"。

对宋晋的建议，朝廷认为不无道理，但此事毕竟事关重大，且与位高权重的曾、左、李都有关系，因此将他的奏折交两江、闽浙等督抚阅看，酌情议奏。左宗棠、沈葆桢于 5 月初先后覆奏，坚决反对停止造船，而李鸿章则迟至 6 月下旬才覆奏，足见他对此事的重视。在这次上奏中，他首先高屋建瓴地指出，中国面临的形势是"合地球东西南朔九万里之遥，胥聚于中国，此三千余年一大变局也！"而西方列强之所以能横行中土、中国之所以受制于西方各国，就在于中国传统的弓矛、小枪、土炮不敌彼之后膛枪炮，中国传统的舟楫、艇船、炮划不敌彼之轮机兵船。在这种情况下，不要说"攘夷"，就是维持现在局面也要学习、制造西方的船炮。他言之凿凿："国家诸费皆可省，惟养兵设防、练习枪炮、制造兵轮之费万不可省。求省费则必屏除一切，国无与立，终不得强矣。"如果现在停办，不但前功尽弃，而且将为外人耻笑，并进一步助长列强侵略中国的野心，那时后悔已经迟矣。

应该说，在当时的洋务派当中，李鸿章的见识无疑高人一筹，既具有远见，又懂得策略，是当之无愧的中国近代化先行者和领军人物。

十九、左手维新右学堂

　　孙家鼐，字燮臣，号蛰生、容卿、澹静老人，1827 年出生，安徽寿州（今寿县）人。清咸丰状元，与翁同龢同为光绪帝师，历任工部、礼部、吏部尚书等职。戊戌变法时主办京师大学堂，为京师大学堂第一任管学大臣。1905 年任文渊阁大学士，1907 年晋武英殿大学士，充资政院总裁。1909 去世，谥号"文正"。

　　孙家鼐的闪光之处，在于他的变法思想和教育思想。

　　1894 年中日战争爆发后，直隶总督兼北洋大臣李鸿章主张谈判讲和，翁同龢力言开战。而孙家鼐强烈反对为朝鲜的宗主权与日本开战，赞同李的和谈主张。甲午战争的失败使孙家鼐看清了清朝政府政治、军事的腐败，思想上发生了变化，同情维新派，并提出了自己的变法主张。1895年，康有为在北京创立强学会，议论时政，译书译报，宣传变法维新。孙家鼐"尝为代备馆舍，以供栖止，且列名北京强学会"。不久，御使杨

孙家鼐

崇伊秉承李鸿章的意旨，弹劾强学会"私立会党，将开处士横议之风"，强学会遂遭清政府封禁。而孙家鼐"力言其诬，且谓事实有益"，随后他以强学会人马改组成官书局并主其事，主张广览博采，以备报效国家之用。

孙家鼐认为维新派以"开民智""通下情"为第一要义的主张最要紧，赞同将上海《时务报》改为官报。他指出：自古以来，"圣帝明王，未有不通达下情，而可臻上理者也"。"国家积弊，惟在敷衍颟顸，事无大小，多以苟且塞责了之"，"贫弱之患犹小，壅蔽之患最深"。并在奏折中引用魏徵致唐太宗的话："人君兼听则明，偏听则暗。"他建议皇帝诏令京、沪、鄂、粤等地的报馆，将各家所出的报纸，逐日呈送都察院，"录呈御览"。

孙家鼐还认为变法自强宜统筹全局，分别轻重缓急，谋定而后动。指出："今日时势，譬如人患痿痹而又虚弱"，要对症下药，不可病急乱投医。他还向光绪皇帝推荐郑观应的《盛世危言》、汤寿潜的《危言》和冯桂芬的《校邠庐抗议》三部书，认为冯书最"为精密"，并奏请刊印，颁发给各署官员，以便统一思想认识。不过，孙家鼐寄希望于"君臣同心"，只要符合大多数官僚的利益，变法维新就可以畅通无阻了，这显然是把变法维新看得过于简单了。

在维新变法问题上，孙家鼐和翁同龢、李鸿章都能影响光绪皇帝，但孙家鼐有别于翁、李，也有别于康、梁等维新派。在光绪帝筹划变法过程中，身居高位忝列"帝党"的孙家鼐，深知国家落后挨打的根本原因在于清王朝政治上的腐朽和经济上的衰败。但他决不想动摇这个制度的根基，他反对维新派的改革政治制度的主张，尤其反对维新派的民权说。如光绪皇帝预备颁布的新政诏令曾有设议院内容，但孙家鼐力谏："若开议院，民有权而君无权矣。"他的这一态度正合光绪帝之意，结果维新派的"设议院"主张没有列入维新的诏令。他主张向欧美学习，指出要"因时制宜，一切格致之书，专门之学，则又宜博采泰西所长，以翊成富强之业"。同时，他又认为"中国以礼教为建邦之本，纲常名义，万古常新"，这与洋务派的主张如出一辙。所以，他主张变法的目的只是为了延续和维护清王朝的统治，用"变法"来为它造血、输血。

1898 年 6 月 11 日，光绪皇帝颁布"明定国是"诏书，实行新政。以慈禧太后为主的"后党"随即反扑，15日迫使光绪帝免了翁同龢的职；未几，又囚禁了光绪皇帝，"新政"尽被废弃，一批维新志士被处死，一些大臣被革职，"后党"全面掌权。孙家鼐因其变法要求温和保守，所以并未受到顽固派的追究，保住了位子。

戊戌变法虽然失败，但毕竟留下了一些遗产，中国近代最早的大学——京师大学堂就是其中的成果。早在甲午战争战败之后，许多士大夫认为，救国之本在于彻底改学，也就是彻底改变学习的系统和培育人才的方法。如梁启超所说"变法之本，在育人才；人才之兴，在开学校"。孙家鼐也提出"国家要富强，民族要兴旺，首先要开办学堂"的主张。光绪二十二年（1896）初，光绪皇帝命孙家鼐筹建政府出版机构——京师官书局，它包括一个图书馆、一个印刷厂以及一所学堂。接着下令在北京建立一所大学堂，委派孙家鼐筹建，并兼任管学大臣。

值得一提的是孙家鼐在创办京师大学堂的过程中，特别重视科学教育。历时甚短的强学会及京师官书局，主要工作是致力于政治议论，而推广科学文化尚在其次。但孙家鼐于1896年3月24日奏报官书局章程时，将农务、制造、测算之学置于律例、公法、商务的同等地位，并率先提出了京师大学堂分科立学的主张。他认为，"非为科立学不为功"。在这份奏折里，他还强调了"中学为体，西学为用"的著名公式，并定为立学宗旨。然而在他看来，无论"中学"或"西学"都不是一门"学科"，它们是学问的门类，是学习和求知的方式，至于京师大学堂所要传授的"学问"，孙家鼐则分立10科，并不作中西学之分，其中有6门学科涉及科学和技术。这6门学科的内容均包括基础科目与应用技术，例如制造、格致（化学和物理）等学均被列入"工学科"之中。

1898年8月9日，孙家鼐建议修改由康有为和梁启超起草的《总理衙门筹议京师大学堂章程》，削减"溥通学"（随后称"普通学"）中的经史课程，取消"专门学"中的"兵学"。这一建议立即得到皇帝的认可。理科课程的教学原封未动，文科课程的减少，使理科的地位显得更加重要。

此外，在1898年9月9日的奏折里，孙家鼐要求在京师大学堂开设中西医学专业，该条陈立即得到皇帝的赞同。孙家鼐又于9月14日上呈一份章程，规定学生兼学中西医学，大学堂开设一家医院，供学生日常实习之用。

当时，康梁二人倾向于把中学和西学当作各由其特定学科组成的两种相互对立的学问体系，孙家鼐则认为，作为学问的普遍范畴，每一门学科无不是中西学术兼收并蓄。他写道："盖学问乃天下万世之公理。"根据孙家鼐的建议，京师大学堂的原始方案赋予理科的重要性不仅超过康有为和梁启超的设想，甚至可以说，与文科、政治和法科相比，占有压倒的地位。

京师大学堂成立后孙家鼐为第一任管学大臣，丁韪良被聘为总教习，择福隆安旧宅为校址，并立即修葺房屋。戊戌政变后，大学堂虽然侥幸保留下来，但开办条例已与原方案相去甚远。大学堂于1898年12月31日开学，科学课程竟一门未开。这种状况并非出自朝廷的意愿，恰恰相反，1898年9月26日上谕及同年11月16日懿旨一再要求对学生进行这方面的教学。1898年12月3日，孙家鼐奏报大学堂开办情形时强调指出："泰西各国兵家农工商，所以确有明效者，以兵农工商皆出自学堂……农知学，则能相土宜，辨物种；工知学，则能通格致，精制造……其事皆士大夫所宜讲求。"由此可见，大学堂开学后迟迟没有开设科学课程一事，真正的责任者并不是孙家鼐，而是因为负责招聘各课老师的"西学总教习"丁韪良对此很不热心。因此，1902年1月10日，清政府恢复京师大学堂后任命张百熙为管学大臣时，其第一个举

京师大学堂师生合影

动就是把丁韪良及以往聘用的所有外国教习统统免职。1904 年初，孙家鼐受命与张百熙、荣庆共同整顿学堂教育，其时孙家鼐已年近八旬，在他的支持下，张百熙制订了教学大纲，科学教学在大学堂真正发展起来。

除了闪光的思想之外，孙家鼐的人品也可圈可点。

戊戌变法失败，谭嗣同等六君子被杀之后，一个企图谋废光绪帝的阴谋正在酝酿，孙家鼐闻后力谏不可，称病乞罢，回乡探亲。孙状元还乡的消息不胫而走，古城寿州的大街小巷都在议论。这也难怪，这位咸丰九年（1859）的状元，虽是寿州北大街人，但 16 岁便离家，中间只有一次因守父孝回来过一次，故乡人大多没见过他。而今已是年逾古稀，才得以返乡小住，真可谓"少小离乡老大回"了。邻里们能不盼望一睹当今皇上的老师、内阁大学士、吏部尚书孙家鼐的尊容吗？这可忙坏了知州魏绍殷、总兵郭宝昌，他们决定以最隆重的礼仪接待衣锦还乡的孙大人。1899 年 12 月 16 日，知州率领文武官员，一大早便来到靖淮门列队迎候，沿途锦旗飘扬，鼓乐齐鸣。时间一小时一小时过去，太阳已从东方地平线升到头顶，知州万分焦急，"怎么还没来到？"这时一个衙役来报：孙大人早已从东门进城回"状元府"了。孙家鼐轻车简从、不愿惊动地方官员的行为，使家乡人十分敬佩。

一天夜晚，孙公戴小帽，身着便服，手提灯笼，独自探望亲友。在他回府行至钟楼巷附近时，巧遇上都司率队查街巡逻，孙公便面墙而行，以示礼遇。不料被都司误认为是"形迹可疑的窃贼"，当即被缉拿带走。当他们来到"状元府"门前时，孙公要求叩门请人作保，守门人王兴见状大惊，痛斥都司妄行，这可吓坏了都司。次日，知州、总兵带着都司前来请罪，孙公不但没有怪罪，反而称赞都司忠于职守，并建议提升。一时间被州人传为佳话。

孙家鼐的为人品格还体现在许多方面，如 1900 年庚子事变发生后，编修官刘廷琛上疏责备身为大学士的孙家鼐失职，孙未与其争辩。后来皇帝命孙家鼐推举御史，他却独保刘廷琛，这种对国家负责、不计前嫌的宽阔胸怀，受到世人的称赞。

二十、思想启蒙第一炮

　　梁启超在写《康有为传》时论道：什么样的人可以叫作人物？他对"人物"下的定义是这样的：一个人的生平和言论能够影响到全社会，一举一动、一笔一舌都引起全国人的注目，这个人出现之前和这个人出现之后社会的面貌为之一变，这样的人就可以称之为"人物"。接下来，梁启超把人物分成两种，一类是"应时之人物"，用现在的话来讲是由时代创造出来的英雄；另外一类人物是"先时之人物"，是创造时代的或者超越时代的英雄。"应时之人物"的特征是什么？"应时而生者，其所志就，其所事成，而其及身亦复尊荣安富，名誉洋溢。"即应时人物所做的事都能做成，他的一辈子过得非常好，当得起"尊荣安富，名誉洋溢"这八个字。什么是"先时之人物"？梁启超说："其所志无一不拂戾，其所事无一不挫折，而其及身亦复穷愁潦倒，奇险殊辱，举国欲杀，千夫唾骂。"

　　拿梁启超的标准衡量，李鸿章和孙家鼐都属于"应时之人物"，而最标准的"先时之人物"，恐怕非陈独秀莫属了。

　　陈独秀（1879—1942），原名庆同，官名乾生，字仲甫，号实庵。中国新文化运动的先驱，五四运动的总司令，中国共产主义运动的先行者，中国共产党的创始人及首任总书记，中共一大至五大期间党的最高领袖。

　　从陈独秀的名字就不难想见其个人风范，那就是敢于"特立独行"，敢于"木秀于林"。他1879年生于安徽怀宁，自幼丧父，随人称"白胡爹爹"的祖父修习四书五经，得到的评价是："这孩子长大后，不成龙，便成蛇。"早年毕业于求是书院（浙江大学前身），1901 年留学日本。1905 年创建安徽第一个资产阶级革命组织岳王会，任总会长，曾参加反对清王朝和反对袁世凯的斗争。1915 年 9 月创办《青年杂志》（后名《新青年》），以进化论观点和个性解放思想为主要武器，大力提倡新道德、反对旧道德，提倡新文学、反对旧文学，举起民主与科学的旗帜。1916 年任北京大学文科学长（当时北大不设副校长，文科学长是仅次于校长的重要职位）。1918 年和李大钊创办《每周评论》，提倡新文化，宣传马克思主义，俗称"南陈北李"，是五四新文化运动的主要领导人之一。1920 年，在共产国际的帮助下，首先在上海建立早期共产党组织，并推动各地建立党组织。1921 年 7 月，在上海举行的中国共产党第一次全国代表大会上，被选为中央局书记，其后被选为第二、第三届中央执行委员会委员长，第四、第五届中央委员会总书记。

1927 年大革命失败，大批党的优秀干部牺牲。在这一年的八七会议上，陈独秀被认定犯了"右倾机会主义"错误，被撤销总书记职务。1932 年，陈独秀因发表取消国民党一党专政演说而被国民党政府逮捕。直到 1937 年，在中国共产党和全国人民"释放全部政治犯"的要求下，陈独秀才获释。出狱后他主张发动民众抗日，拒绝国民党的高官厚禄，主要精力用于著书立说。晚年陈独秀曾说："我决计不顾忌偏左偏右，绝对力求偏颇，绝对厌弃中庸之道，绝对不说人云亦云、豆腐白菜、不痛不痒的话。我愿意说极正确的话，也愿意说极错误的话，绝对不愿说不错又不对的话。"1942 年，贫病交困的陈独秀在孤独中于四川江津（今属重庆）去世，走完倔强而坎坷的一生。

陈独秀逝世后，被人们贴上了许多标签，如：新文化运动的旗手，五四运动发起人之一，中国新青年的偶

陈独秀

像和精神导师，马克思主义在中国的最早传播者之一，中共首任总书记，右倾投降主义者，托派"总书记"，一个独立时代之外的人，一个孤独的思想者……但从骨子里看，有两个称号可能最适合他，一是"青春发动机"，二是"永远的反对派"。

新文化运动时期，陈独秀与胡适风头正健，开时代风气之先。陈独秀主编的《新青年》成为传播新思潮的阵地，"新青年"替代了梁启超的"少年中国说"。1918 年 8 月下旬的一天，陈独秀在李大钊的办公室见到了毛泽东。两人在初次见面之前，是《新青年》的主编与作者的关系。1917 年，毛泽东就与陈独秀提倡的青年应有强健体魄的观点相共鸣，以"二十八划生"为笔名写了一篇题为《体育之研究》的文章，由杨昌济转交陈独秀，陈将其发表在《新青年》第 3 卷第 2 号上。陈独秀与毛泽东初次见面的 20 年后，毛泽东对埃德加·斯诺说："我还在师范学校做学生的时候，我就开始读《新青年》。我特别喜欢胡适、陈独秀的文章。他们代替了梁启超和康有为成了我崇拜的人物。"可以说，陈独秀点燃了一代进步青年和革命者的青春梦想。他本人四次坐牢，共 1903 天，并牺牲了两个儿子，气节如虹！一生被通缉八次，富贵不能淫，威武不能屈，贫贱不能移，堪称永远不会老去的"新青年"。

陈独秀作为政治家，有操守，始终坚持自我，未在历史的洪流中丢掉自己的本色。作为文人，有风骨，即使晚年老无所依，也绝不依附权势。在历史的迷局中，很多政治家迷失了自己，而陈独秀从新文化运动到穷困潦倒客死江津，他是清醒的，尤其是他晚年的反思，洞察纷纭的时代，肯定了民主与自由的价值，更是可贵。陈独秀一生，充满对立、紧张和颠覆。与共产党闹矛盾，与共产国际闹矛盾，与国民党闹矛盾，诚如胡适所说，是终身的反对派，陈独秀自己介绍说，非故意如此，"乃事实迫我不得不如此也"。

思想的力量可以托举人格，陈独秀的傲骨源自他的思想。之所以称他为"思想启蒙第一炮"，是因为他精心预备了几发"思想炮弹"。

第一发炮弹是"中西文化比较"。和严夏、梁启超等许多近代思想家一样，陈独秀的历史观和文化观是建立在进化论基础之上的。他认为，适者生

陈独秀与胡适

存和优胜劣汰的生物进化法则，同样适用于人类历史进程。笃古不变的民族日渐衰亡，而日新求进的民族则方兴未艾。近代中国之所以在西方文明的冲击下陷于民族危机和文化危机之中，原因在于中西文明代表了两个截然不同的文明时代。中国文明尚未脱"古代文明"之窠臼，而西方文明则独代表先进的"近世文明"。中国欲救亡图存，唯有顺应人类历史进化的世界潮流，鉴取先进的西方文明而革故鼎新，实现从"古代文明"向"近世文明"的跃迁。在著名的五四启蒙宣言《敬告青年》中，陈独秀开宗明义地倡导"自主""进步""进取""世界""实利""科学"六大现代西方的价值观念，而批判了中国传统文化的"奴隶""保守""退隐""锁国""虚文""想象"的落后意识。在《今日之教育方针》中，他力倡近代西方的"现实主义""惟民主义""职业主义"，以反对中国传统社会空玄的人生观、专制主义政治和阻碍经济发展的泛道德主义。他还在《东西民族根本思想之差异》中，以"战争"与"安息"、"个人"与"家庭"、"法治"与"感情"、"实利"与"虚文"，揭示了西方和中国文化价值的差异和冲突。在陈独秀眼里，西方文化之"新"和中国文化之"旧"，是水火不相容的。"无论政治学术道德文章，西洋的法子和中国的法子，绝对是两样，断断不可调和牵就的"；"新旧两种法子，好像水火冰炭，断然不能相容；要想两样并行，必至弄得非牛非马，一样不成"。因而他坚决反对"西方科学、中国道德"的"新旧调和论"，认为文化变革若不实行矫枉过正的激进是难以奏效的，文化调和论只能削弱和阻碍变革。

第二发炮弹是"儒学批判"。新文化运动前期，批孔文字占据了陈独秀著述的主要篇幅。他指出，孔儒的精华在于礼教，建基于孔子礼教精神的儒家三纲学说是中国伦理政治的本原，而这种学说的本质在于专制主义。君为臣纲、父为子纲、夫为妻纲的三纲，片面强加给为臣、为子、为妻者以"忠""孝""节"之义务，从而使其成为君、父、夫的附属品，而丧失独立自主的人格。因而三纲学说所倡的"忠""孝""节"，皆非推己及人的"主人道德"，而是以己属人的"奴隶道德"，它严重阻碍了个体独立人格的生长，而中国人的虚伪、利己、缺乏公共心等恶习，以及中国一方"无理压制"一方"盲目服从"的专制社会，也都由此而来。总之，"中国历史上现社会上种种悲惨不安的状态，也都是这三样道德在那里作怪"。在陈独秀看来，这种维护封建等级制的儒教纲常，与现代民主政治和自由平等精神南辕北辙。"盖共和立宪制，以独立平等自由为原则，与纲常阶级制为绝对不可相容之物，存其一必废其一"。因而，不废除儒家纲常礼教，中国政治的民主化和中国思想、道德、社会的进步都无由谈起。儒学于中国社会的另一弊害是其"定于一尊"的思想专制。先秦儒学作为九流百家之一,自不乏其优点。然而,"自汉武以来,学尚一尊,百家废黜,吾族聪明,因之锢蔽,流毒至今,未之能解"。而思想文化贵在自由发展,"恒以相竞而兴,专占而萎败"。陈独秀指出,汉武以来儒教一统的思想专制,对于湮塞民族的智慧和摧残民族的生机,为祸之烈远在帝王的政治专制之上。因而中国的思想解放,须从打破儒学的思想专制着手。陈独秀的儒学批判,突破了主导晚清思想界半个世纪之久的"中体西用"论的樊篱,体现了五四新文化运动"重新估定一切价值"的时代精神和思想深度,也标志着中国文化的自觉和中国现代化运动进入一个新的阶段。

第三发炮弹就是"德先生和赛先生"。在陈独秀看来,"民主"和"科学"是现代文明的两大基本要素,西方文明的优越性和先进性就源于此。他在《新青年》创刊伊始,就高举起"民主"和"科学"的旗帜。他指出:"近代欧洲之所以优越他族者,科学之兴,其功不在人权说下,若舟车之有两轮焉。""国人而欲脱蒙昧时代,羞为浅化之民也,则急起直追,当以科学与人权并重。"五四运动前夕,陈独秀在回击国粹派的攻讦而总结《新青年》的启蒙工作时,再次表达了自己对"德先生"和"赛先生"的坚定信仰,强调两者不仅是西方文明的救星,而且"只有这两位先生,可以救治中国政治上道德上学术上思想上一切的黑暗"。陈独秀直到晚年仍对"民主"和"科学"笃信不移,坚持认为"科学与民主,是人类社会进步之两大主要动力"。

在中国现代化运动史上,洋务运动、戊戌维新辛亥革命和五四启蒙,分别构成了技术现代化、制度现代化和人格现代化三个依次递进的阶段。戊戌的行政制度改革和辛亥的政治制度革命,虽将中国现代化运动引向了制度层面,但无论是改良派和革命派都没有真正突破洋务时代"中体西用"的思想樊篱。直至五四启蒙,才开始将变革引向中国传统文化系统内深层的价值结构层面,而价值系统和人的行为模式的变革才是现代化最根本、最深刻的内容——五四的深刻性在此,陈独秀的深刻性亦在此。

需要指出的是,陈独秀的激进反传统主义与其说是其建设性的文化设计,毋宁说是其破坏性的变革策略。陈独秀等五四启蒙学者看到了传统之抗拒变革的根深蒂固的文化惯性,因而有意采取"石条压驼背"的矫枉过正方针。

而在其内心深处，仍然有着价值观上的冲突与困惑。陈独秀的《人生真义》（1916 年），是其早年系统阐述人生观的一篇论文。陈在文中批判了中外各种传统的人生观，指出佛家人生观迂阔，基督教人生观虚幻，儒家的"内圣外王"虽属入世型但却不能包括人生全部真义，墨子的利他主义并非个人生存的根本理由，杨朱、尼采的个人主义虽道破人生真相却难行于文明社会，而老庄的安命知足和顺应自然则是反文明的退化的人生观。陈独秀在批判了中外人生观后，阐述了他对"人生在世，究竟为的甚么？究竟应该怎样"的人生主题的理解："个人生存的时候，当努力造成幸福，享受幸福；并且留在社会上，后来的个人也能够享受。递相授受，以至无穷。"从中我们可以发现，陈独秀人生观的价值支点并不纯然是西方式的"个人本位"的，它实际上仍保留了中国传统重"社群"的价值取向。一方面，他认为"社会是个人集成的，除去个人，便没有社会；所以个人的意志和快乐，是应该尊重的"；"社会的文明幸福，是个人造成的，也是个人应该享受的"；"一切宗教，法律，道德，政治，不过是维持社会不得已的方法，非个人所以乐生的愿意，可以随着时热变更的"。这里的中心逻辑无疑是"个人本位"的。而另一方面，他又认为"人生在世，个人是生灭无常的，社会是真实存在的"；"个人之在社会，好像细胞之在人身；生灭无常，新陈代谢，本是理所当然"；"社会是个人的总寿命，社会解散，个人死后便没有连续的记忆和知觉；所以社会的组织和秩序，是应该尊重的"。这里的中心逻辑又是"社会至上"的。这样，在陈独秀的人生观中就潜存着一种"个人"与"社会"的紧张关系。显而易见，马克思主义为处于价值困惑中的陈独秀提供了一个完满无缺的整合社会与个人的崭新价值范式："科学社会主义"的诱人之处首先在于其"科学"与"社会"（人文）的统一性，它既是科学知识（唯物史观），又是价值信仰（共产主义是大同和谐的人间天国）；社会主义既具理性化之征服自然的科技效率（生产力标准），又不失公平、博爱、互助的人际激情（无阶级社会）；而陈独秀崇尚"整体""社群"的"大我主义"倾向，则可以顺乎逻辑地在以"解放全人类"为终极目标的马克思主义中找到价值依归。

　　五四新文化运动是在内忧外患的严峻岁月中进行的，历史并没有留给启蒙充裕的时间和安定的环境，巴黎和会使中国又一次陷入被列强瓜分宰割的民族生存危机之中，于是，救亡的主题渐渐压倒了启蒙。早在新文化运动之初，陈独秀就明确表示："吾人理想中之中华民族，乃欲跻诸欧美文明国家，且欲驾而上之，以去其恶点而取其未及施行之新理想。"五四运动以后，他改变了其不谈政治、专事启蒙的初衷，将视野从文化转向了政治。同时，他也开始重新反思和评估自己曾大力倡导的西方工业文明。陈独秀代表《新青年》启蒙学者集团而宣告："我们相信世界上的军国主义和金力主义，已经造成了无穷罪恶，现在是应该抛弃的了。"这一宣言标志着陈独秀以及五四知识分子告别和超越西方资本主义文明，而重新抉择文化理想和民族复兴道路的努力。这一思想转变使陈独秀在五四时代的社会主义大潮中接受了马克思主义，并成为中国共产主义运动的奠基者。

马克思主义之所以在五四时代"一枝独秀"地勃兴，在于它不仅具有任何"西学"都不具有的凝聚民众、改造社会的实践功能，而且为困境中的中国现代化运动展示了一条超越资本主义"西化"模式的新的道路。在陈独秀看来，西方资本主义工业化模式是一条流弊万端和危机四伏的道路。"中国急需发达工业，但同时必须使重要的工业都是社会的不是私人的，如此中国底改革才得的是西洋工业主义的长处，免得他们那样由资本主义造成经济危殆的短处"。同时，他还从中国社会历史条件的特殊性，论证了中国不可能走资本主义道路的原因，以及中国走社会主义工业化道路的必要性和可能性。他在《造国论》一文中指出，"照中国社会的现状，要开发实业，只有私人资本主义或国家社会主义这两条道路。用私人资本主义开发实业，在理论上我们不能赞成，因为他在欧、美、日本所造成的罪恶已是不能掩饰的；在事实上，以中国资产阶级功稚的现状，断然不能在短期间发展到能够应付中国急于开发实业的需要，而且在国际帝国主义的侵略及国内军阀的扰乱未解除以前，中国的资产阶级很难得着发展的机会"，因而中国只能经由反帝反封的"国民革命"而走上社会主义工业化的道路。在这里，陈独秀已经认识到，中国现代化的关键，是在摆脱半殖民地地位而获得民族自主发展权利的基础上，实现"后来居上"的民族复兴。而这绝非中国幼稚的资产阶级和西方式自由竞争的经济发展模式所能奏效的。陈独秀作为早期马克思主义者，把社会主义视为一种实现中国工业化的理想的新道路。这标志着他对中国现代化道路的新探索，也再一次体现了他熊熊燃烧的理论激情。

思想者永远青春。在近现代中国那一波接着一波的思想大潮中，陈独秀始终挺立在潮头，他所提出的问题，和他所进行的思考，至今仍具有巨大的启发价值。

二十一、无限清明在宽容

1910 年 9 月，美国康奈尔大学农学院来了一位清秀的中国少年，名叫胡适，是这年考取庚子赔款奖学金留美的，因家道中落，而农学院可以免学费，故胡适选择学农以节省学费，接济家庭。

农学院的学生自然要实习刷马、套车、驾车等，还要下玉米田。胡适对这些还都有兴趣，也可应付，可是到了苹果分类时，胡适却大伤脑筋。30 多种苹果，对于农家出身的学生来说，二三十分钟就可分门别类，弄得一清二楚；而胡适花上了两个半小时，却只能分辨出 20 种，真是让他十分烦恼。

既被苹果难倒，自知不是学农的料子，胡适便转学历史、文学，后来又进入哥伦比亚大学，投在大名鼎鼎的杜威博士门下学习哲学。学成回国之后，受北京大学校长蔡元培的邀请，担任北大文科教授。有人说，正是那品种繁多的苹果，使中国少了一位农学家，却多了一位思想家、文学家、历史学家和教育家。

北京大学是新文化运动最重要的阵地，而蔡元培则是当时最有眼光的教育家。在封建专制思想仍然笼罩着思想界的五四前夕，他大力提倡"思想自由""兼容并包"，主张不论何种学派，只要能"言之成理，持之有故"，都可以在大学讲坛上占有一席之地，让它们自由发展。这就为新思想和新文化的传播开辟了道路。

胡适后来也担任了北京大学校长，并且将蔡元培的"自由""包容"思想发扬光大。他始终秉持民主、科学、进取的精神，成为自由主义的一面旗帜，对中国现代新思想的形成和发展起到了积极的促进作用。

胡适反对"中体西用"式的"中国本位"论，坚持"一心一意的现代化"和"充分世界化"的立场。对于传统的旧文化、旧思想、旧制度，他主张以"批判的态度"进行清理，使之融合进20世纪现代世界的新文明的大潮流中去，用他的话来说就是："研究问题，输入学理，整理国故，再造文明"。对于传统的旧伦理、旧道德、旧人格，他主张以"健全的个人主义"进行改造，从而培育

胡　适

起"个性解放、独立人格、精神自由"这样一种新的信仰，达到使中国人走进"现代"的目的。

胡适积极倡导独立思想，他一生致力于追求自由、民主，主张独立思考，他深刻地体会到，当时的中国最需要的是自由的品格和独立的思想。他告诫人们："菩提达摩东来，只要寻一个不受人惑的人"，我们就是要"努力做一个不受人惑的人"。他常说："不思想的心理习惯是我们最大的敌人。"胡适在1919年发表的《易卜生主义》里提出，最重要的是把你自己造成一块好的材料，这是你救国的唯一途径。他还用了一个非常生动的比喻：如果一艘船要沉下去，最重要的事情是什么？是救出你自己，连自己都救不出，何谈救别人？1930年他发表了一篇文章《介绍我自己的思想》，一以贯之地要求青年铸造"自由独立的人格"，在文章里他写道："现在如果有人对你们说，牺牲你们个人的自由，去求国家的自由！我对你们说，争你们个人的自由，便是为国家争自由！争你们自己的人格，便是为国家争人格！自由平等的国家不是一群奴才建造得起来的！"胡适在《易卜生主义》里面还留下一句名言："世界上最强有力的人就是那个最孤独的人。"如果用《孟子》里的

一句话来说就是"虽千万人吾往矣"——千万人之以为是，不妨碍我一个人之以为非。

"容忍比自由还更重要"，是胡适的另一句名言。因为没有容忍，就没有自由，社会要自由，就需要"容忍"。胡适一生，誉满天下，也谤满天下。说他好的，说他坏的，都到了极致。胡适当然爱惜名誉，但是他似乎更能容忍"毁谤"。他说："有高度修养的人，才能有自省的功夫；能够自省，才能平心静气地听别人的话，了解别人的话。了解别人的话，乃是民主政治最基本的条件。"他还说："人家骂我的话，我统统都记不起了，并且要把它忘记得更快更好！"这是一种怎样的胸襟呢？"容忍"并非懦弱，而是人性的善良；并非退让，而是人生的境界。

胡适平生最爱写的对联是："大胆的假设，小心的求证；认真的做事，严肃的做人。"和其他的许多话一样，这两句话也不是说说而已，或者是光用来教训别人的，而是他自己率先垂范，落实到自己的行动中去。

美国普林斯顿大学东亚系教授周质平认为："胡适是20世纪中国最有影响力的一位学者，他的思想到今天对我们还相当有指导意义。"他指出，胡适的影响，一是学术上的影响。在中国现代化的过程里，胡适是一个中心人物，从提倡白话文到批判旧礼教，从整理国故到全盘西化，他不但是一个提倡者，也是一个总结者。就学术研究而言，胡适的影响涉及中国的哲学、史学、文学等各个层面，甚至对于近代中国的语法研究，胡适也是少数的先驱之一。二是社会改革方面的影响。从丧礼改革到妇女解放，从个人主义到好人政府，这些口号和运动都和胡适分不开，他几乎成了20世纪初期中国新思潮的总汇。也正因如此，新文化运动所引起的种种结果或多或少都归结到胡适身上。在相当长的一段时间里，胡适成为一个不是功首就是罪魁的两级人物。从他的思想被接受的程度来讲，他同时受到激进和保守两种势力的批评——激进势力嫌他太温和，保守势力嫌他太激进。

1941年12月15日的美国《生活》杂志上有一篇对胡适的专门报道《胡适大使》（胡适时任中国驻美国大使），作者是当时有名的记者 Ernest Hauser，他是这样介绍胡适的："孙中山于1911年推翻满清成立中华民国，但孙中山只给出了一个空的政治框架，这个框架一直等到胡适出来以后才在文字上、语言上和文化上有了一个新的意义。"所谓的"在语言上"当然指胡适提倡白话文，也就是中国人从1917年起在书写方式上和口语大大拉近了，采用了和口语相近的书面文体，现在叫白话文。"在文化上"指胡适引进了许多西方思想，比如民主、科学、自由、平等的概念，与其说这些概念是西方的，不如说它们是具有普遍意义的。这些也就是胡适一生所提倡的价值标准。

丰子恺画作《海内存知己　天涯若比邻》

胡适，一个清正、明朗、温润、渊博的学者，就像一潭池水，水很深，但又很透明。他既有东方君子的谦谦风范，又有西方绅士的朗朗风采。他就像一棵在东西方文化交汇中生长的苹果树，根扎在东方的土壤上，枝叶却呼吸着西方的空气。果实无限芬芳，景象无限清明。

不妨将胡适和陈独秀作一比较。陈独秀就像一团熊熊燃烧的烈火，照亮了别人，但更多的是燃烧着自己，炙烤着自己的铮铮铁骨。相形之下，他的安徽同乡胡适就显得温润如水，从思想到个性都一派清明。如果说一个是思想和行动上的铁汉，那么另一个就是思想和行动上的君子。

有意味的是，胡适和陈独秀这两个性格反差极大的人，却成为了终身好友。胡适有句名言："此身非吾有，一半属父母，一半属朋友。"可见他对友情的珍重。早年的胡适，二度承蒙陈独秀提携，一次是被招揽进《新青年》作者队伍，一次是被延揽进北大担任文科教授；后来，胡适四次不遗余力地营救陈独秀，传为历史佳话。这时候的两位安徽老乡，在政治见解上已经有了分歧和冲突，但都尊重对方的人格和思想，都维护对方说话的自由，显示了知识分子高尚的风范。

两个人个性和见解有别，但政治境遇又有相似之处。一左一右，他们均未得势，但因为文化开拓上的卓越贡献，他们将为后人更长久地记住。只有文化，才有永恒的穿透力和感染力。

二十二、无量爱心献杏坛

圣雄甘地去世后，爱因斯坦感叹道："世间很难想象世上曾经走过这样一位血肉之躯。"这是因为，甘地"非暴力不合作"的政治理念和宗教般的献身精神，都具有超拔于世、震撼人心的力量，所以才获得了爱因斯坦这么高的评价。

那么，现代中国有没有自己的甘地呢？或许从思想境界和文化格局上看，现代中国的思想家还不能与甘地匹敌，对整个世界的影响力也稍逊一筹；但从献身精神和意志品质的角度考量，中国思想家同样有着震撼人心的事迹，陶行知就是其中最接近甘地的一位。

从两个人的主要经历上看，也有相似之处。甘地和陶行知都是留学英美的高才生，返国后分别从事律师和教授的职业，属于"高等印度人"和"高等华人"。本来可以待在上流社会的圈子里坐而论道，但两个人都毅然放弃了尊贵的身份和地位，深入而持久地走进民间，为最广泛的大众服务。如果说甘地还有宗教情怀做基础，那么陶行知完全是彻底的人生自觉，决绝地抛弃旧我，迎来了一个无比灿烂的新我。

陶行知被一种强烈的使命感所驱使，发愿以平民教育"普度众生"，他认为"人民贫，非教育莫与富之；人民愚，非教育莫与智之"，因此立下宏愿："凡我足迹所到的地方，就是平民教育到的地方，……要叫黑暗的地方大放光。"他在给妹妹的信中写道："我们生在此时，有一定的使命。这使命就是运用我们全副精神，来挽回国家的厄运，并创造一个可以安居乐业的社会交与后代，这是我们对于千万年来祖宗先烈的责任，也是我们对于亿万年后子子孙孙的责任。"

在1922—1925年间，为推广平民教育运动，陶行知公而忘家，逢年过节往往都在旅途之中。"上车过旧年，下车过新年。年年车上过，也算是过年。"这首他自己写的小诗《车上过年》，表达了一种苦中作乐的情怀。

此后，陶行知又把目标对准中国平民中最广大的群体——农民，他下决心要筹集一百万元基金，征集一百万位同志，提倡一百万所学校，改造一百万个乡村，"一心一德为中国乡村开创一个新生命"。

陶行知

1926年底，陶行知下乡。他下乡三次，换过三套衣服：第一次穿的是西装革履，农民看见了不敢接近；第二次穿的是长衫马褂，农民看了认为是国民党的官员来了，也不敢接近；第三次换上了毡帽，蓝棉短袄，扎裤脚，老布鞋，农民才把他当作自己人。陶行知于是决定在南京神策门外老山脚下的小庄创办乡村师范学校。

1927年2月举行学校奠基礼，陶行知宣布改老山为劳山，改小庄为晓庄，意为在劳力上劳心，日出而作。晓庄师范开办之初根本没有校舍，用陶行知自己的话说，校舍上面盖的是青天，下面踏的是大地。他认为这是世界上最伟大的学校，要师生们以宇宙为学校，奉万物作宗师，求得丰富的教育。在校舍没盖成之前，大家或住帐篷露营，或借宿农民家中。陶行知就曾借住在一农家牛房之中，和"牛大哥"同睡，还打趣说"一闻牛粪诗百篇"。

抗战期间，陶行知又在重庆创办了育才小学，专门收容和教育战时难童。其中的艰苦可想而知，而陶行知同样是日夜操劳、鞠躬尽瘁。

一天，身为校长的陶行知在校园看到男生王友用泥块砸自己班上的男生，当即斥止了他，并令他放学时到校长室里去。放学后，陶行知来到校长室，王友已经等在门口准备挨训了。可一见面，陶行知却掏出一块糖果送给他，并说："这是奖给你的，因为你按时来到这里，而我却迟到了。"王友惊疑地接过糖果。接着，陶行知又掏出一块糖果放到他手里，说："这块糖也是奖给你的，因为当我不让你再打人时，你立即就住手了，这说明你很尊重我，我应该奖你。"王友更惊疑了，他眼睛睁得大大的。陶行知又掏出第三块糖果塞到王友手里，说："我调查过了，你用泥块砸那些男生，是因为他们不守游戏规则，欺负女生；你砸他们，说明你很正直善良，有跟坏人作斗争的勇气，应该奖励你啊！"王友感动极了，他流着眼泪后悔地说道："陶……陶校长，你……你打我两下吧！我错了，我砸的不是坏人，而是自己的同学呀！"陶行知满意地笑了，他随即掏出第四块糖果递过去，说："为你正确地认识错误，我再奖给你一块糖果，可惜我只有这一块糖了，我的糖完了，我看我们的谈话也该完了吧！"说完，就走出了校长室。

这种对于中国平民、中国农民、中国儿童的无限热爱，贯穿了陶行知的一生。由于长期奔忙、积劳成疾，1946年7月25日陶行知因突发脑溢血去世，年仅55岁，中国就这样失去了一位前无古人、后无来者的血肉之躯。

爱因斯坦在悼念居里夫人的时候这样说过："第一流人物对于时代和历史进程的意义，在道德品质方面，也许比单纯的才智成就方面还要大，即使是后者，它们取决于品格的程度，也许超过通常所认为的那样。"这句话也同样适用于甘地，适用于陶行知。

陶行知生前写过一首诗："人生天地间，各自有禀赋。为一大事来，做一大事去。多少白发翁，蹉跎悔歧路。寄语少年人，莫将少年误。"陶行知本人的行迹，正是"为一大事来，做一大事去"的最好注脚。

陶行知的思想成就主要体现为生活教育理论。在这方面，陶行知深受瑞士近代著名教育家裴斯泰洛齐的启发，裴斯泰洛齐在所著《天鹅之歌》中提出："生活具有教育的作用，这是指导我在初等教育方面的一切实验的原则。"给陶行知直接影响的是美国教育家杜威，杜威力图变革传统教育，提出"教育即生活""学校即社会"，以使学校和社会适应资本主义发展的需要。在强调沟通学校与社会、教育与生活这点上，对陶行知影响至深。当然，陶行知的生活教育思想是在充分认识了中国教育传统和现实的基础上提出的。在陶行知看来，"中国实行新教育30年，依然换汤不换药，不过把'老八股'变成'洋八股'罢了。'老八股'与民众生活无关，'洋八股'依然与民众生活无关"。所以，陶行知生活教育理论的提出，不仅考虑了一般传统教育脱离社会生活的状况，尤其是考虑到了中国学校教育的十分不普及和民众极其缺乏教育的现实。

陶行知的生活教育理论包括以下基本内容：

生活即教育。陶行知说："教育的根本意义是生活之变化。生活无时不变即生活无时不含有教育的意义。因此，我们可以说：'生活即教育'。"陶行知认为之所以生活具有教育意义是由于生活中的矛盾使然。他说："受过某种教育的生活与没有受过某种教育的生活摩擦起来，便发出生活的火花，即教育的火花，发出生活的变化，即教育的变化。"所以说，"生活与生活——摩擦便立刻起教育的作用。摩擦者与被摩擦者都起了变化，便都受了教育"。从生活的横向发展来看，过什么生活也便是在受什么教育："过康健的生活便是受

陶行知钤印的晓庄师范毕业证书

康健的教育；过科学的生活便是受科学的教育；过劳动的生活便是受劳动的教育；过艺术的生活便是受艺术的教育；过社会革命的生活便是受社会革命的教育。"从生活纵向的发展来看，生活伴随人生始终："生活教育与生俱来，与生同去。出世便是破蒙，进棺材才算毕业。"因此陶行知说："从生活与教育的关系上说，是生活决定教育。"生活决定教育，表现为教育的目的、原则、内容、方法都为生活所决定，是为了"生活所必需"。当我们在提倡民主教育时，它"应该是健康、科学、艺术、劳动与民主组成之和谐的生活，即和谐的教育"。当我们在中国办教育时，这种教育就应当是为了人民大众的生活需要和幸福解放的教育，如果不是这样，教育就没有存在必要。另一方面，教育又能改造生活，推动生活进步。陶行知说过："教育是民族解放、大众解放、人类解放之武器。""教育的作用，是使人天天改造，天天进步，天天往好的路走。"因此，生活决定教育，教育改造生活，相辅相成。

社会即学校。陶行知说："整个的社会是生活的场所，亦即教育之场所。因此，我们又可以说：'社会即学校'。"他把没有生活的教育、学校和书本说成是"死教育、死学校、死书本"——与社会隔绝、与民众脱离，仅仅为"有钱、有闲、有面子的人"服务的"死世界"！他认为在"学校即社会"的主张下，学校里面的东西仍旧太少了，学校如同鸟笼，学生如同笼中鸟。因此需要拆除学校与社会之间的"高墙"，"把学校的一切伸张到大自然里去"，把"鸟儿"从鸟笼中解放出来。另一方面，考虑到人民群众缺少教育的实际处境，陶行知说："课堂里既不许生活进去，又收不下广大的大众……那么，我们只好承认社会是我们的唯一的学校了。马路、弄堂、乡村、工厂、店铺、监牢、战场，凡是生活的场所，都是我们教育自己的场所。"陶行知鼓励劳动群众在社会中学习、向社会学习，而他本人也在社会上先后办过各种方便劳动群众及其子弟的学习场所，通过社会的大学校，使之受到教育。

教学做合一。陶行知认为在传统教育下劳力者与劳心者是割裂的，造成"田呆子"（劳力者）和"书呆子"（劳心者）两个极端，所以在中国"科学的种子长不出来"。为纠此偏，就必须"（1）教劳心者劳力——教读书的人做工；（2）教劳力者劳心——教做工的人读书"。"在劳力上劳心"是指"手脑双挥"，将传统教育下劳力和劳心的"两橛子"连接起来，"在劳力上劳心，是一切发明之母，……人人在劳力上劳心，便可无废人"。其次，"教学做合一"是因为"行是知之始"。陶行知批评传统教育历来把读书、听讲当成"知之始"，并以之为知识的唯一来源，习之既久，学生就"不肯行、不敢行、终于不能行，也就一无所知"。他认为，行（做）是知识的重要来源，也是创造的基础。他形象地比喻说："行动是老子，知识是儿子，创造是孙子。"其三，"教学做合一"要求"有教先学"和"有学有教"。陶行知曾将"以教人者教己"作为晓庄师范的根本教育方法之一，要求教人者先将所教材料"弄得格外明白"，先做好学生。同时，教人者还要"为教而学"，即先明了所教对象为什么而学、要学什么、怎么学，"为教而学必须设身处地，努力使人明白；既要努力使人明白，自己便自然而然的格外明白了"。"有学有教"即"即知即传"，它要求：会者教人学，能者教人做。还要求：不可保守，不应迟疑，不能间断。去除"知识产权"的私有，树立"文化为公"的信念。"小先生制"就充分体现这一意义上的"教学做合一"。

陶行知的生活教育理论实质上就是一种具有中国特色的、行之有效的教育理论，它与时代发展同步，既反映政治、经济、文化生活发展的趋势，又符合学生身心发展的规律。具体到育人方面，生活教育理论具有两大特色：

生活教育的培养目标——"真人"。"千教万教教人求真，千学万学学做真人"。真人是陶行知的培养目标，真人就是真善美的人，真人就是德智体和谐发展的人，真人就是智仁勇俱全的人。首先，陶行知的真人培养目标是针对传统教育培养"假人"的教育提出来的。陶行知写过一首《假人》诗，"世界如何坏？坏在假好人。口是而心非，虽人不是人。"这种假人到处骗人，而且处处得手，使得社会一片黑暗。因此，陶行知要培养真人。真人读书不是为了分数，而是为了学到真本领。其次，陶行知的真人目标是针对传统教育为升学而读书、为做官而读书、为个人发财而读书提出来的。他要培养的真人是以改造社会、改造农村为己任，具有为民族复兴而献身的牺牲精神。真人从老百姓中来，最终又回到老百姓中去，为老百姓服务。真人不是人上人，而是人中人。第三，陶行知的真人是针对传统教育中培养"少爷""小姐"式的学生提出来的。这些少爷、小姐手无缚鸡之力，饭来张口，衣来伸手，事事要人侍候。只会分利，不会生利。一生只会死读书、读死书，因此，他要培养的真人，必须具备五种生活力，即科学的生活力、健康的生活力、劳动的生活力、艺术的生活力、改造社会的生活力。从陶行知创办的晓庄师范的培养目标看，"真人"的标准就是三个条件："第一有农夫的身手；第二有科学的头脑；第三有改造社会的精神。"

生活教育的精髓——创造力。创造教育是生活教育理论的立足点和归宿。传统的教育，特别是应试教育制度下的教师，不但不培养学生的创造力，而且还要扼杀它。陶行知的《糊涂的先生》一文，就曾深刻地揭露了这种现象。"你这糊涂的先生！你的学堂成了害人坑！你的墨水笔下有冤魂！你说瓦特庸。你说牛顿笨。你说像个鸡蛋坏了的爱迪生。若信你的话，那儿来火轮？那儿来电灯？那儿来微积分"。陶行知在1943年月10月16日的育才学校师生大会上，发表了著名的《创造宣言》演说，提出"先生之最大的快乐，是创造出值得自己崇拜的学生"。针对师生对教育创造的畏难情绪，陶行知满怀信心地表示"处处是创造之地，天天是创造之时，人人是创造性之人"，只要大家去努力，创造之神一定会降临我们中间。此后，陶行知又写了《创造的儿童教育》一文，具体提出通过"六大解放"来培养儿童的创造力：一要解放小孩子的头脑。儿童的创造力被固有的迷信、成见、曲解、幻想层层包缠了起来，因此要把儿童的头脑解放出来。大胆地想象，大胆地思考，大胆地创造。二要解放小孩子的双手。传统教育一直要求小孩静坐、静读、静写，不许小孩子动手，小孩的双手被束缚起来，就不能执行头脑的命令。因此，陶行知要求教师和家长，不要束缚儿童的双手，让儿童的双手在大脑的指挥下大胆地去干、大胆地动手、大胆地创造。三要解放小孩子的嘴。让儿童大胆地讲、大胆地提问、大胆地表达自己的思想。"发明千千万，起点是一问"。四要解放小孩子的空间，让小孩从教室中、从校园中解放出来，在大社会、大自然、大森林中扩大认识的眼界，以发挥内在之创造力；五要解放儿童的时间，让儿童有自己的时间去创造。六要解放儿童的眼睛，让儿童自己观察自然，观察社会，培养自己的观察力。

"大生活"和"大创造"，是陶行知教育理论的两个关键词，其实它们又何尝不是今日中国教育所应该走的方向呢？

二十三、流云深处有深情

　　在"现代美学大师"的旗帜下写下朱光潜、宗白华、邓以蛰、方东美的名字，这绝对是没有任何争议的，他们都是中国现代美学的奠基者。

　　20 世纪 20 年代前后，邓以蛰、宗白华二先生各自驰名于北方与南方文坛，故时人有"南宗北邓"之称。50 年代初，全国高等学校院系调整，邓、宗二先生相继来到北京大学，与朱光潜先生一同执教，共为北大三位著名的美学教授。

　　朱光潜（1897—1986），安徽桐城人（今枞阳县麒麟镇），笔名孟实、孟石。中国美学家、文艺理论家、教育家、翻译家，中国现代美学奠基人和开拓者之一。青年时期在桐城中学、武昌高等师范学校学习，后毕业于香港大学文学院。他还请桐城著名书法家方守敦题写"恒、恬、诚、勇"四字的条幅，作为座右铭。五四运动中，他毅然放弃文言文，改写白话文。1921 年，朱光潜发表了白话处女作《福鲁德的隐意识说与心理分析》，随后又发表《行为派心理学之概略及其批评》《进化论证》等读书心得，初步形成自己对治学和学术研究活动的看法。1922 年，他在《怎样改造学术界》中，倡导培养"爱真理的精神""科学的批评精神""创造精神"和"实证精神"，这些观点一直影响着他漫长的学术道路。1925 年出国留学，先后毕业于英国爱丁堡大学、伦敦大学，法国巴黎大学、斯特拉斯堡大学，获文学硕士、博士学位。1933 年回国，先后在四川大学、武汉大学和北京大学任教。

美学作为一门专门的学问，在中国得到普及与发展，与朱光潜是分不开的。从他早年的《悲剧心理学》《文艺心理学》《诗论》，到后来的《西方美学史》《谈美书简》和大量美学论文，都凝聚着他长期沉浸于美学研究的心血，堪称我国美学研究发展中不同时期的有代表性的著作。西方美学思想在中国的介绍和研究，在很大程度上也有赖于他的努力。柏拉图的《对话》、莱辛的《拉奥孔》、歌德的《谈话录》、黑格尔的《美学》、维柯的《新科学》和克罗齐的《美学原理》这些必读的西方美学经典，正是通过他流畅的翻译和精辟的评述而为广大读者所熟悉。

朱光潜

朱光潜是个有大性情的人。学生到他家中，想要打扫庭院里的层层落叶，他拦住了，说："我好不容易才积到这么厚，可以听到雨声。"台湾作家齐邦媛在《巨流河》里回忆说，在战火中的武汉大学西迁四川乐山，朱光潜当时

153

是教务长，已经名满天下了，特意找到她这个一年级的新生，让她从哲学系转学外文，说"现在武大转到这么僻远的地方，哲学系有一些课开不出来，我看到你的作文，你太多愁善感，似乎不适于哲学，你如果转入外文系，我可以做你的导师，有问题可以随时问我"。朱光潜开的课是"英诗金库"，每首诗都要求她背诵。1945 年，战争未完，当齐邦媛和几个同班的女生走下乐山白塔街，经过湿漉漉的水西门时，地上有薄冰，她便背诵起雪莱的《沮丧》，"它的第三节有一行贴切地说出我那时无从诉说的心情'没有内在的平静，没有外在的安宁'。"而当时的艰困，朱光潜上课时"一字不提"，齐邦媛回忆道，只是有天讲到华兹华斯的《玛格丽特的悲苦》，写到一个女人，儿子七年没有音讯，朱光潜说中国古诗有相近的话："风云有鸟路，江汉限无梁"，此时竟然语带哽咽，稍停顿又念下去，念到最后两句，"If any chance to heave a sigh，They pity me，and not my grief.（如果有人为我叹息，他是怜悯我，而不是我的悲苦）"，他取下眼镜，眼泪流下双颊，突然把书阖上，快步走出教室，留下满室愕然，无人开口说话。如今已经 80 多岁的齐邦媛，一生流离，去国离乡，却一直记得这个瞬间，"即使是最绝望的诗中也似有强韧的生命力……人生没有绝路，任何情况之下，弦歌不辍是我活着的最大依靠。"

要在古今中外的诗情中浸泡多少年，才会有这样的纯粹啊！

宗白华是与朱光潜双峰并峙的另一位大家。宗白华（1897—1986），字伯华，安徽安庆人，雅号"佛头宗"。说起这一雅号的来历，还有个有趣的故事呢。30 年代中期，时任中央大学教授的宗白华在逛夫子庙时，于一家古董店偶见一尊雕刻精美、秀美慈祥的隋唐石佛头，爱不释手。店主见顾客如此喜爱，也没出高价，生意就这样谈成了。宗白华将其运回寓所后，终日把玩，兴趣盎然。此事在中大的同事中传开，大家纷纷到宗白华家观赏和拍照。徐悲鸿、胡小石等好友亦交口称赞，爱抚不已。之后，"佛头宗"便这样叫开了。此后数十年间，宗白华将这尊佛头一直置于案头，朝夕相处。

宗白华早年曾任《少年中国》月刊编辑，1919 年夏，22 岁的他应上海《时事新报》的邀请，编辑文艺性副刊《学灯》。在这个副刊以及《少年中国》上，他编发了田汉的许多诗歌、戏剧作品和文艺评论性文章。在编辑《学灯》期间，宗白华以非凡的胆识发现并扶植了年长自己 5 岁的郭沫若。当时郭沫若正在日本福冈九州大学医学部学习，经常阅读上海的《时事新报》。一天，在"新文艺"读到康白情的白话诗《送慕韩往巴黎》，遂激发了他的胆量，立即把以前写的诗作《鹭鸶》和《抱和儿浴博多湾中》投寄《学灯》，没想到很快便被刊用，真是欣喜若狂。在此之前，郭沫若虽有创作或翻译，但却难觅知音，寄回国内，屡屡碰壁。这次变成铅字的经历，一下打开了他才思之泉，并给他的生活道路和创作历程带来了决定性的转折。宗白华以敏锐的洞察力，判断出诗人胸中蕴藏着不可估量的创造力，遂以惊人的气度将这位"无名之辈"的作品接二连三地发表。从 1919 年的 9 月到 1920 年的 3 月，短短半年间，刊登郭沫若的新诗数十首，有时甚至用上《学灯》的整个篇幅，这在《学灯》的编辑史上，甚至在当时中国报刊史上也是绝无仅有的。后来，郭沫若将刊发在《学灯》上的新诗加以增删结集为《女神》出版。

宗白华

对于宗白华的扶植和帮助，郭沫若是永志不忘的，他甚至由衷地称宗白华为"我的钟子期"。独具慧眼的宗白华发现了郭沫若的天才后，马上把这位天才诗人介绍给在日本东京留学的好友田汉。他写信说："我又得了一个像你一类的朋友，一个东方未来的诗人郭沫若。"接着又介绍郭沫若与田汉相识，并大有预见地说："我很愿意你两人携手做东方未来的诗人。"就这样，他在未来文坛巨人间架起了一座桥梁。从此，三人鱼雁往还，正像郭沫若后来回忆中所言："当时三人都未曾会面，你一封，我一封，就像陷入了恋爱状态的一样。"后来，他们三人的通信经过整理，于1920年5月出版，题名为《三叶集》，这也是"在五四潮流中继胡适的《尝试集》之后，有文学意义的第二个集子"。

1920年，宗白华远赴德国留学，分别在法兰克福大学、柏林大学专门学习美学和历史哲学。1925年回国，先后任东南大学、中央大学、南京大学哲学系教授。新中国成立后，一直在北京大学任教。对于中国美学，宗白华始终认为应以生意盎然的气韵活力为主，"以大观小"，而不拘泥于模拟形似。他的态度是悠然意远而又怡然自得的，他是超脱的，但又不是出世的。就在美学大师神往的这样一种意境中，《流云小诗》《美学散步》等名著诞生了，也令无数后人"在一丘一壑，一花一鸟中发现了无限"。

宗白华的第一本文集《美学散步》于1981年初版，其飞扬灵动的文笔和深湛的哲思迅即震惊了中国美学界。其实，这个集子里的文章，最早写于1920年，最晚作于1979年，实在是宗白华一生关于艺术论述的较为详备的文集，是中国美学经典之作和进入美学世界的必读之书。在广博深厚的学术背景下，他以"意境"为核心，构建了属于自己的东方特色的美学理论。而他的学说与写作则提供了与朱光潜迥然有异的学术风格与价值方式。

除《美学散步》外，宗白华的美学著作还有《艺境》《美学与艺境》《康德美学思想评述》《中国美学史重要问题的初步探索》《宗白华美学文学译文选》等。宗白华的美学、文学著作，曾由安徽教育出版社编辑成《宗白华全集》出版。

邓以蛰（1892—1973），出生在安徽省怀宁县五横乡白麟村凤凰河畔的一座名宅——"铁研山房"里。这"铁研山房"是清代大书法家和篆刻家邓石如的故居，邓以蛰就是邓石如的五世孙。他的父亲邓艺孙一生从事教育事业，民国元年曾任安徽省教育司长。他的长子邓稼先为著名核物理学家，是我国研制和发射核武器的主要技术领导人，被誉为"两弹元勋"。

邓以蛰8岁入私塾读书，13岁入安庆尚志学堂学习，14岁入芜湖的安徽公学求学；1907 年，16 岁的邓以蛰东渡日本，在东京宏文学院学习日语，并在此时与同乡陈独秀结为好友；20 岁回国后在安庆任安徽图书馆馆长。26 岁赴美国纽约哥伦比亚大学攻读哲学和美学 6 年，1923 年秋回国任北京大学哲学系教授。1933 至 1934 年，邓以蛰出游意大利、比利时、西班牙以及英、法、德等国，遍访各地艺术博物馆和古建筑文化遗址。回国后，邓以蛰曾在厦门大学、清华大学任教。新中国成立后 1952 年院系调整，他从清华大学转至北京大学哲学系任教授，直至 1973 年 5 月 2 日病逝，享年 82 岁。主要著作有《画理探微》《六法通铨》《书法欣赏》《病余录》（未写完）等。

邓以蛰

邓以蛰的美学思想尤其是其书画论对中国近代美学做出了重要的贡献，成为与朱光潜、宗白华齐名的美学大家。他继承并沿用了我国传统艺术理论中"意境"这个重要范畴来探讨书画作品的创作和欣赏，丰富了"意境"说的内容。邓以蛰学贯中西，其美学思想中融汇了西方美学思想的超功利原则，在我国现代美学史上有着重要的地位。

朱光潜、宗白华、邓以蛰三位虽然都同样是研究美学和文艺学的大家，但他们的学术主攻方向又各有侧重并互有差异。朱光潜在西方美学方面独领风骚，宗白华在中国古典美学方面开宗立派，邓以蛰在中国书画美学方面邀步学坛。本来，三位美学大师 1949 年以前的学术方向互有交叉，特别是朱光潜在研究西方美学时也研究中国古典诗词，宗白华在研究中国古典美学时也研究康德、叔本华等西方美学。1952 年院系调整，三位美学大师都汇聚北大后，明显将各自的研究方向做了调整，互相拉开了距离。这是他们的明智处，也告诉我们做学问或做其他事，要善于寻找空白点和自己的特色。

方东美（1899—1977），名珣，字德怀，后改字东美，曾用笔名方东英，安徽桐城（今枞阳县杨湾乡人），与哲学家方以智、桐城派始祖方苞有旁系宗亲关系。方东美年幼丧父母，依赖兄长抚养成人。16 岁毕业于桐城中学。1920 年毕业于金陵大学。1921 年赴美留学，获威斯康星大学哲学硕士学位。1924 年通过博士学位考试后回国，任职于武昌高师（武汉大学前身）。1925 年应聘为东南大学（中央大学前身）教授，学校几经更名，几易校长，方东美一直执教于中央大学。1948 年任台湾大学哲学系主任。

如果仅以治学方向的变更来区分其一生的话，方东美大体上走过了三个阶段：1936 年夏以前为第一阶段，由于受中国文化尤其是儒家文化的熏陶而走向对西方哲学的追求，其代表作为《生命情调与美感》《科学哲学与人生》；1966 年夏以前为第二阶段，由西方逐渐返回到东方，代表这个阶段成就的著作是《哲学三慧》；1966 年夏以后进入第三阶段，其主要代表著作为《中国形上学中之宇宙与个人》《从宗教、哲学、与哲学人性论看人的疏离》《中国哲学精神及其发展》。方东美始终以弘扬中华文化的精神价值为学术主旨，以开放的胸襟对待中国传统文化的各种思想流派，并力图贯穿古今、统摄诸家之学。

在中国现代哲学家中，方东美是一位别具一格的人物。他的独特贡献，在于为中国哲学与文化的现代转折指点了一条全新的路径。他深入中西哲学的堂奥，融汇百家，又最终回归于中国文化本位，并创造了一个富有特色的哲学系统。享誉海内外的方东美真正"回归"大陆学术视野有点姗姗来迟。作为哲学家方以智、桐城派始祖方苞的旁系宗亲后裔，他似乎

方东美

并不专门研究美学，但他以深湛的哲学功力，加之哲学与美学之亲缘关系，从哲学视野透视中国美学、中国艺术，亦不无精微睿见，甚至是自有一番高格。他的"生命美学"更多从生命哲学本体论建构的角度，彰显了道家哲学的艺术精神与价值追求。

其实，美学大师又何以能冠盖其身，以上四人的成就与价值远超出"美学"的范畴，他们以多个领域的造诣与建树抒写着各自深广的文化传奇。朱光潜同时是文学批评家、教育家、翻译家，宗白华是哲学家、诗人，邓以蛰是书法家、书画理论家，方东美在海内外享有一代"诗哲"之美誉。他们是"义理、考据、辞章"的传承者，又是西方科学精神的追随者；他们对西方哲学美学研究深入，但是更崇尚中国文化精神；他们崇尚艺术人生化，也追求人生艺术化。他们从容淡泊，沉潜执着，如朱光潜所言，"以出世的精神，做入世的事业"。这使他们的学说与他们的人生之间产生富有魅力与启示的融合，成为一道层峦叠嶂、群峰耸立的风景线。

盘点他们的身世渊源，他们都属于由皖籍安庆人氏组成的文化"族群"。当桐城派在历史的烟尘中渐行渐远之后，这个"族群"的崛起闪烁着桐城派文化的流风余韵，在新的历史时空中重塑着这方文化厚土的现代形象。他们都出生在19世纪90年代，被时代潮流裹挟着，不约而同地卷入了开创新文化的历史轨迹。他们在家乡度过了启蒙开智的青少年时光，即便自称"半个安徽人"的宗白华，也是8岁才离开安庆。朱光潜和宗白华两位是同一年生，也是同一年去世；朱光潜与方东美还是桐城中学的同窗志学。听命于历史的呼唤与责任的重托，这片深厚凝重的文化沃土上所培育出的一代文化大师，沉淀着乡梓文化的基因血脉，追求新知，上下求索，终身从教从文，埋头著书立说，在现代文化转型与建设的洪流中，完成了属于其个人也属于其故乡的独特文化叙事。

概括而言，我们发现，深厚的国学功底、开放的文化视野、学贯中西的知识结构、凌波独步的高蹈精神，构成了四位大师共同的文化性格与品质；强烈的社会文化责任、尊重传统与继承民族遗产的文化自信、不断探索与创新的文化理想、求真严谨务实的治学态度，则是他们一致的学术立场与学术精神。在一个新旧转型的时代，在一个躁动多变的时代，他们决不随世入流，决不盲从跟风，坚守着自己知识与美的人生堡垒，构建着属于自己的知识体系与价值指向。这些知识财富与精神资源至今依然由内向外，润物无声地散发出令人着迷与沉醉的影响力。

就像宗白华《流云小诗》中的名篇《夜》：

> 一时间
> 觉得我的微躯
> 是一颗小星，
> 莹然万星里随着星流。
> 一会儿
> 又觉着我的心
> 是一张明镜，
> 宇宙的万星在里面灿着。

这就是那些孤独而伟大的思想者，在思索过程中所体味的快乐。诚然，思想能够带给世人智慧和福祉，而所能给予思想者本身的，往往不是功名利禄，而是那种只有自己才能体会的，窥见了宇宙奥秘的最为本真的快乐。